禪的實踐

大慧宗杲禪師語錄選輯講釋

精華版

釋果如 著

只怕你不想悟，不怕你不開悟。跟隨果如法師學祖師禪，用最輕鬆的方式頓悟本心，讓您時時刻刻都能體用、在在處處不離禪悅。

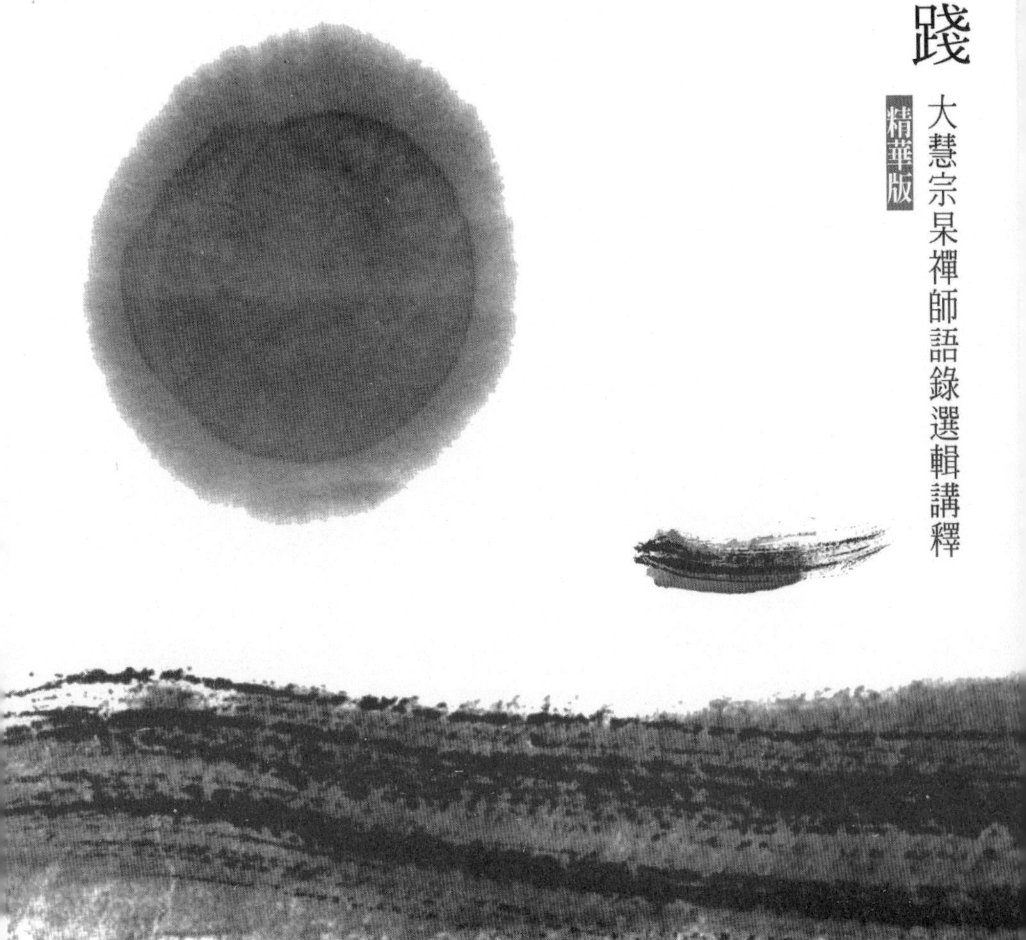

目次

出版序

本書是果如法師於法鼓山體系帶領的四次話頭禪修，以大慧宗杲禪師的語錄為主所集結的開示內容，而大慧宗杲禪師在中國禪宗史上極負盛名，尤以指導話頭禪法著稱，因此，果如法師選擇大慧宗杲語錄，為當時參加話頭禪修的禪眾建立正確禪修知見，並且教導禪眾如何參話頭，及如何將話頭禪法運用在日常生活中。

很多參與話頭禪修的禪眾，即使參與了多次禪修，仍然不明白什麼是「話頭」？為何叫「話頭」？話頭，即是話的頭，也就是一句話、一個念頭出來之前的本源樣貌，因此與「什麼是父母未生前的本來面貌？」有異曲同工之妙，然而，答案到底是什麼？「無」就是答案，但是，為什麼是「無」？這就需要看官自己去參明白、去參究「什麼是無？」。

為什麼話頭禪的用法往往是以一個問句做為敲門磚呢？因為人們只有面對懸而未決，又滿腹好奇、非常想知道答案的疑問時，會放下手邊的事務，一心沉浸在自己的世界裡苦苦思索參究答案，在百思不得其解的時候，呈現與外境脫鉤，導致視若無睹、聽若罔聞，甚至不思飲食、不思睡眠，這樣的狀態是一種對內統一的定境。因此，話頭慣用的抛出問句，就是運用人們面對疑問時的自然反應，作為話頭禪法的前方便。這個問句因為沒辦法用思索的方式找出答案，才能打死種種的妄想分別心，直到找不到答案的無可奈何，反而才離好消息更近，因為代表心的造作分別已經來到盡頭，只差最後的徹底放下、粉碎對內統一的定境而見己真心。

參究的過程，其實是一個看清自己的心是怎麼運作的過程，也就知道種種的感受、情緒⋯⋯等，都是自己創造出來的幻象，此後便不再被自己的感受欺騙，也不會被各種言語搞得暈頭轉向，當然就如同果如法師在書中敘述的：「天底下老和尚縱然有千奇百怪的說法，卻再也瞞騙不了你。」一旦看清心的運作後，才能開始在日常生活中掃蕩各種幻相誤區。

跟著果如法師的文字讀大慧宗杲禪師的語錄，彷彿身歷其境地跟隨宗杲的修證歷程，但願您也能給自己一段如同大慧宗杲禪師般的參究旅程，只有親自挖掘出本有的晶瑩剔透、靈妙大用真心，才能真正體現遊戲人間的自在快活。

第一章　本書導讀

1-1 語錄選輯出處

本書是集結我在2011年初直到2012年底，於法鼓山體系帶領的四次話頭禪修開示內容，因此，當時是依照禪眾在禪修期間的身心變化，選擇了適合禪眾的大慧宗杲禪師語錄來做講解。這裡所選輯的語錄是來自於《指月錄》第三十一卷以及《大慧普覺禪師語錄》。

《指月錄》，是著名的佛教禪宗典籍，明代瞿汝稷集。「指月」，是禪宗裡常做的一個比喻，想要看到月亮，用手指指出方向，如果不順著手所指的方向看過去，永遠看不到月亮在何處。因此以「指」比喻言教，以「月」來比喻佛法，這便是《指月錄》一書的旨趣。

《指月錄》全書共有三十二卷，集錄自過去七佛迄宋代大慧宗杲禪師，一共六百五十位大德的言行傳略而成。卷一到卷三是記錄過去七佛、菩薩、尊者以及西天祖師；卷四則為達摩祖師，一直到六祖慧能；卷五之後，則收錄開枝散葉的後代禪宗法脈傳承；最後卷三十一和三十二則收錄了大慧宗杲禪師語錄，即〈臨安徑山宗杲大慧普覺禪師語要〉。也因此，《指月錄》的內容，多與宋代成書的《大慧普覺禪師語錄》有所重疊。

本書所輯語錄，正是挑選自此二法寶當中部份內容，以作為現代禪眾禪修時的自我警惕，以及指導參話頭時，會遇到的身心狀況。雖然我們距離大慧宗杲時代已經超過八百五十年，但是禪師的指導以及當時請法學人所遇到的身心問題，仍然適合現代二十一世紀學禪者，能感受到大慧宗杲禪師用智慧之劍，穿越百年時空，裂破無明，使大眾豁然開朗，大感受用！

大慧宗杲禪師的著作，大多是由弟子們集結平時開示而成，及回答當時士大夫的書信往來，或是由他本人在祖師大德的語錄旁加上註解或短評而成。如果有興趣多閱讀宗杲禪師語錄者，可以參考。主要有：《大慧普覺禪師語錄》、《大慧普覺禪師普說》、《宗門武庫》、《正眼法藏》等等。

1-2　禪師時代背景

大慧宗杲（1089～1163），俗姓奚，字曇晦，號妙喜，又號雲門，諡號普覺禪師，為禪宗地位十分重要的禪師，振興臨濟話頭禪，使得當時宗風大盛，北宋徽宗賜紫衣及「佛日」之號，影響後世久遠。如《僧寶正續傳》中所提到：「此所以風流天下，名動九重，號稱中興臨濟，不是過也。迨其去世，未幾道價愈光，法嗣日盛，天下學禪者，仰之如泰山北斗云。」

這麼一位重要的大禪師，生存的時代背景，正值兩宋之間國家遭遇外患。徽宗之子康王趙構在南方即位，是為南宋高宗，這就是南宋時代的開始。這個朝代一開始，就非常不安定，征戰連年，烽火不歇。宗杲雖是方外之人，愛國情操不輸時人。宗杲因主戰殷切，秦檜拿宗杲的一首詩，羅織其罪、流放宗杲。宗杲寧可被貶，剝除僧籍、流放湘閩，九死一生也不向秦檜等強權低頭。最先流放到湖南，經五年後，又再流放到福建，並於此地十年受苦。在此時，宗杲被褫奪僧衣及戒牒，且被編為流民。以流民身份每日穿著俗服到衙門簽到、站崗、守衛、服勞役。即便如此，一代大師依然沒有改其信心。經十五年後，宋孝宗方赦其罪、回復僧籍，再主徑山。

從宗杲的生平可以見到，雖身為出家人，仍愛國愛教，此為宗杲生命中最艱苦之一篇，因其體會深，故其言乃真，精神千古相傳。

第二章 《指月錄》〈臨安府徑山宗杲大慧普覺禪師語要〉所錄傳記講釋

師宣城奚氏子，其母夢一僧，黑頰隆鼻，神人衛之，造於臥室，問其何所居？對曰：「嶽北。」覺而有身。哲宗元祐四年己巳十一月十日巳時誕師，白光透室，舉邑稱異。

這是簡介宗杲出生時的情形，出自《指月錄》卷三十一〈臨安府徑山宗杲大慧普覺禪師語要上〉。宗杲生於北宋哲宗元祐四年，原籍是安徽宣城，俗家姓奚。有天他母親晚上夢到有位出家人，長得黑臉高鼻，身旁還有一位護法金剛保護著。「造於臥室」，「造」即造訪、抵達，造訪宗杲母親的房間。他母親跟夢裡的出家人對話，問他說：「你住哪？」神人回答：「住嶽北。」等到母親醒來，就覺得懷孕了，之後在哲宗元祐四年己巳十一月十日生下大慧宗杲禪師，誕生時屋裡都透著白光，全村的人都覺得奇異。

年十六出家，十七落髮，即喜宗門中事，遍閱諸家語錄，尤喜雲門、睦州語。甞疑五家宗派，元初只是一個達磨，甚處有許多門庭。性俊逸不羈。

宗杲十六歲時出家，十七歲落髮，很喜歡宗門中之事。「教門」是指經教的研習，「宗門」是指禪宗的事情，也就是祖師禪法的修行。他幾乎看過諸家的語錄，對於雲門和睦州這兩門最是歡喜。宗杲在遍閱五家語錄以後，對五家的宗派感到納悶：既然最初是達摩傳的法，為什麼最後會有五家七宗的分法？各家講的也不同？他對五家的分門立宗感到懷疑，因此他的個性是「俊逸不羈」，「逸」是不被羈束，不同於俗人。

「雲門」是指雲門文偃禪師[1]，「睦州」是指睦州道明禪師[2]。雲門悟道的因緣是從睦州而來，但雲門卻不是接睦州的法，而是接雪峰義存禪師的法。

十九遊方，初至太平杯度菴，菴主迎待恭甚，曰：「夜夢伽藍神，告以雲峰悅師來，戒令肅候也。」杯度老宿，因以悅語示師。師過目成誦，人遂謂雲峰後身。

宗杲在十八歲就受了具足戒，十九歲時離開自己的皈依師，到各處親訪善知識。宗杲先到太平杯度庵，這位庵主對他很恭敬。奇妙的是，因為當時宗杲是個初出家的年輕人，沒名望成就，庵主為何會對他很恭敬？宗杲也覺納悶，庵主就說昨夜夢見伽藍神（佛寺的護法神），說明今日雲峰文悅禪師會來這裡，於是告誡庵主要好好地接待。杯度老宿（指庵主本人或是這裡的首座）對宗杲就非常的客氣和尊重。因為宗杲有過目不忘的

1 雲門文偃（864～909）是雲門宗的祖師，從睦州道明禪師而悟道，後來接了雪峰義存禪師的法。而雪峰義存（822～908）是德山宣鑑禪師門徒。

2 睦州道明禪師（780～877）又號「陳宿尊」，是百丈門下黃檗希運禪師的門徒。

本事，於是時人更加認為宗杲就是雲峰文悅禪師的「後身」，也就是再來人的意思。

既謁宣州明寂珵禪師，請益雪竇拈古、頌古。珵不假一言，令自見自說，師輒洞達微旨。珵歎曰：「杲必再來人也。」

宗杲已經拜見宣州明寂珵禪師，請益有關雪竇[3]的拈古跟頌古[4]，但這位珵禪師不發一言，只叫他發揮自己對雪竇拈古、頌古有何看法。結果宗杲不但可以洞察意涵，還能了解其中精深微妙的意旨。這時候珵禪師就讚嘆他，說宗杲不是平凡人，必定是再來人間做度化的人。

過郢州大陽，見元首座、洞山微和尚、堅首座。師周旋三公會下甚久，盡得曹洞宗旨。

後來宗杲又到郢州的大陽（今湖北武昌縣鍾祥市，大陽應指今之大洪山，山上的洪

3 雪竇重顯（980～1052），宋代雲門宗大師，曾製「頌古百則」《碧巖集百則頌》等等。

4 文字禪表述形式有語錄、舉古、徵古、拈古、代語、別語、頌古、偈讚、詩歌、法語、雜著、碑銘、序跋等。而最具有宋代禪門特色的是舉古、徵古、拈古、代語、別語、頌古、評唱。其中，以雪竇重顯的《碧巖集百則頌》、圓悟克勤的《碧巖錄》及汾陽善昭的《汾陽語錄》為代表。

山禪寺是曹洞宗發祥地之一），遇到元首座，也遇到洞山的微和尚，以及堅首座三位大德。這三位都是曹洞宗的大德，很有成就，宗杲跟隨他們甚久，盡得曹洞宗之奧妙與宗旨。

見其授受之際，必臂香以表不妄付。念曰：「禪有傳授，豈佛祖自證自悟之法？」棄之徧歷諸方。

三位大老見到這麼年輕的後進，將曹洞的宗旨應用傾囊相授。但曹洞宗傳法要在手臂上燃臂香，代表傳法慎選嚴謹，以臂香作為誓約，將來得法後不得隨意傳授宗法。看起來是很慎重，但已與佛法背離，此舉將法視為自家之寶，宗杲不願接受。宗杲認為禪是不可傳授的，必須自證自悟，於是就離開，到他方參訪。

嘗至奉聖初和尚處，值初上堂。師出問：「承和尚有言，金蓮從地湧，寶蓋自天垂，為是神通妙用，為是法爾如然。」初曰：「金蓮從地湧，寶蓋自天垂。」師曰：「鸞鳳不棲荊棘樹，燕雛猶戀舊時窠。」初曰：「三年不相見，便有許多般。」師曰：「只如適來僧道，昔日世尊今朝和尚，又作麼生？」初便喝。師曰：「這一喝，未有主在。」初回頭取拄杖稍遲。師曰：「掣電之機，徒勞佇思。」拍手一下歸眾。

初和尚是宗杲的啟蒙師，按《大慧普覺禪師年譜》在宗杲十八歲時，教他參公案：「僧問法眼：『如何是學人自己？』眼云：『是汝自己！』」該年宗杲有所得而寫了一偈：「古佛放光留不住，鐵牛無腳也須行；雖然未踏曹谿路，且喜今朝離火坑。」之後就雲遊去了，直到三年後二十二歲時又回來面見初和尚，也才有此段因緣。當他回來見初和尚時，剛好遇到初和尚上堂。

宗杲出位問話：「承蒙您之前說過，金蓮從地湧，寶蓋自天垂。這是神通妙用，還是本來就是如此？」初和尚再次回答：「就是金蓮就是從地湧，寶蓋自天垂。」「金蓮從地湧，寶蓋自天垂」，覺得好稀奇、很不可思議，所以很容易掉在稀有難得裡。宗杲認為本來一切就是如如、不受拘束，哪怕有神通妙用也不想要，因為自己本來就具足這些東西，不值得一顧。

於是宗杲回：「鸞鳳不棲荊棘樹，燕雛猶戀舊時窠。」這句話暗指，如果體證夠，就能機鋒十足像鳳凰般不斷地向上攀升；而你初和尚卻像燕雛一般，只能重複了無新意的話。初和尚顯然發現宗杲的鋒利，「許多般」不但包含讚嘆他這幾年的進步，更有進一步試探的意思，就像兩個武俠高手過了一招，了解對方實力之後，除了讚嘆還欲更進一步切磋。

宗杲又說：「只如適來僧道，昔日世尊今朝和尚，又作麼生？」「適來」是剛才。「朝」有兩種解釋：一是說以前的世尊現在來參拜和尚你，你要怎麼解釋？剛才來參拜初和尚的是出家人，「世尊」是指人人具足的本性，但因為不悟，所以來找善知識覓取一條門路。這個參拜並不是要和尚來教你什麼；又或者「朝」解為會見初和尚，當作禮敬的詞，則可翻譯為以前的世尊現在的和尚。很難考究當時宗杲的正確語意為何，但最好把過去跟現在，即一位世尊、一位和尚區分出來，有沒有過去、現在、未來可得？有沒有所謂以前是世尊，現在是和尚的差別？看起來人跟時間都不同，他要問問初和尚怎麼解釋。今昔沒有差別，自性本不增不減，故稱「在聖不增，在凡不減」，不會以前是世尊現在變和尚，宗杲就是在問這些道裡。初和尚當下用「喝」來回應，宗杲說這一喝沒有主人在。

臨濟禪師善以「喝」來指導弟子，因此在他的四料簡[5]裡有說：「賓中主、主中賓、

5 臨濟四料簡：即四種簡別法，用以判斷修行人開悟，又作四料揀。為臨濟義玄所施設，即能夠應機應時，與奪隨宜，殺活自在地教導學人之四種規則。（一）奪人不奪境，即奪主觀而僅存客觀，

主中主、賓中賓[6]」。「賓」是客，是生滅；「主」是自己掌握得住，確實見到諸法實相，一切能立處皆真，不隨境緣起分別對待。這一「喝」顯示初和尚不過是依樣畫葫蘆，反應出老和尚的程度，宗杲馬上明瞭，說：「你這一喝沒有作用在。」以前的祖師或親近的大德常用這套，你也跟著用，而你道業未明，突然被底下人問到回答不出來，就給一喝或香板，藉著這方式來告訴你諸法就是這樣，這是後來的濫禪。

「昔日世尊今朝和尚」之問，若你確實知道問的人掉在分別心，這一喝就頓斷問法者的分別，而反觀到自己的清淨，這叫善知識有眼，是「有主在」；但若是心裡七上八

于萬法之外不承認自己，以破除對人、我見之執著。（二）奪境不奪人，即奪客觀而僅存主觀，以世界映現在一己心中，破除以法為實有之觀點。（三）人境俱奪，即否定主、客觀之見，兼破我執與法執。（四）人境俱不奪，即肯定主、客觀各各之存在。此乃義玄禪師於小參之際，應普化、克符之問法，對機而設施之軌範。至後世，與洞山良价之「五位說」普遍流行於禪林。（出自《佛光大辭典》）

6 四賓主：唐代臨濟義玄禪師提出四句賓主，為臨濟根本思想之一，旨在以四句料簡提示禪機。即指導學人時，師家（指導者）與學人（修道者）之關係有四種：（一）賓看主（賓乃客之意），即學人透知師家之機略。（二）主看賓，即師家能透知學人之內心。（三）主看主，即具有禪機禪眼者相見。（四）賓看賓，即不具眼目之兩者相見。其後，風穴延沼禪師將上記四語改稱為「賓中主、主中賓、主中主、賓中賓」，其義亦同。（出自《佛光大辭典》）

下，不知該怎麼回答，答不出來又不能停，就亂用喝、棒，這就是「沒主在」。

宗杲這樣回答時，初和尚便回頭找柱杖要打人，更擺明了老和尚沒東西時所用的一套方法。初和尚回頭要取柱杖時稍微遲疑，宗杲說：「掣電之機，徒勞佇思。」師徒間的問話，為「機」，這樣的機會如閃電般一剎那就消失了，不允許有任何停頓思想，「佇」是停頓，只要落在停頓便是「徒勞」，就沒有功用了。所以宗杲便拍手一下下台歸眾，意指老和尚所教的東西，並沒有自己親眼見到諸法實相。

已而參心印珣公，珣令至寶峰，依湛堂準公。師始至，機辯縱橫。一日湛堂問曰：「你鼻孔今日因甚無半邊？」對曰：「寶峰門下。」堂曰：「杜撰禪和。」

「已而」是過了沒多久，又到心印珣公處參方，但珣公認為宗杲非他所能教，要他去寶峰依止湛堂文準[7]。宗杲到了湛堂處時表現得很好，不管老和尚怎麼問，他都可以毫不遲疑的問一答百，機辯縱橫。

有天湛堂問他：「你今天的鼻孔為什麼沒有另外半邊？」這問題是在考驗你的修行

7 泐潭湛堂文準禪師（1061～1115），俗姓梁，寶峰克文禪師之法嗣，後稱寶峰湛堂文準、湛堂準、湛堂禪師。

功夫到達什麼地步？另一個意思是問：你修行到能不分別種種對待，直接到達一心的境界，這是如何才達成？宗杲回答：「是在寶峰門下。」寶峰克文是湛堂的師父，也是湛堂接法之後所教化的地方。原句意為：因為我在您老人家座下，才有辦法半邊鼻子都不見。一來誇獎老和尚的教化，二來表示明師出高徒，才有本事打落自己半邊鼻孔。

湛堂回答他：「你這是杜撰來的。」「禪和」就是禪子。表示你所講的一切都不是直接從自己的心地證悟而來，最主要是講從意識心而來，不是真心。

又一日於粧十王處，問曰：「此官人姓甚麼？」對曰：「姓梁。」（堂姓梁）堂以手自摸頭曰：「爭奈姓梁底，缺個襆頭。」對曰：「雖無襆頭，鼻孔彷彿。」堂曰：「杜撰禪和。」

以前寺廟最初進門的地方，有時會有一些民間信仰的祭祀，「粧十王處」就是供奉十殿閻王的地方。湛堂指著其中一尊問宗杲：「此官人姓什麼？」宗杲回答：「姓梁。」湛堂俗家姓梁，這裡不光暗指同姓，還包含兼具佛性。湛堂摸摸自己腦袋說：「我也是姓梁的，怎麼腦袋怎麼少了頂幞頭[8]（官帽）？」既然一樣，怎麼他有官帽，我卻沒有？宗杲回答：「雖然沒有官帽，但鼻孔是相仿的。」鼻孔是指自性、本來面目，不管粧十王形象如何、姓什麼、叫什麼，鼻孔都是一樣，跟你都無二無別。萬法萬物縱然千差萬別，但佛性是沒有分別，千差萬別中諸佛清淨的實相是無二的。

此時湛堂仍沒肯定他，一般人到這般地步，當師父的肯定授他法卷。湛堂卻說：「這還是你的意識心所想出來的，不是從妙明真心流露出的。」

又看經次，問曰：「看甚麼經？」對曰：「《金剛經》。」堂曰：「是法平等，無有高下，為甚麼雲居山高，寶峰山低？」對曰：「是法平等，無有高下。」堂曰：「你做得個座主使下。」

湛堂問宗杲看什麼經？宗杲說：「《金剛經》。」湛堂便問：「般若大法是平等無有高低之別，為什麼雲居山高，寶峰山低呢？」老和尚故意用現象的東西來為難他。宗杲只回答：「是法平等，無有高下。」引用《金剛經》經文，之後並沒有繼續說明。

8 幞頭：古代官帽兩邊的頭柄。

現象界的確有差別對待，差別對待的當下便是平等。「雲居山高，寶峰山低」便是平等，個子高、矮也是平等，不是抹煞掉差別才是平等，這便是禪宗的用意。宗杲如此回答後，湛堂說：「你有資格當侍奉座主的人了。」因為還要研習經教才行，依照目前的見解來看，已能當個「下使」，就是聽座主使喚之人，表示湛堂還未印可宗杲。

一日侍次，湛堂視師指爪曰：「想東司頭籌子，不是汝洗。」師承訓，即代黃龍忠道者，作淨頭九月。（按普說云，某自聞湛堂和尚此說，終身不養爪甲，纔長一菽不剪，湛堂和尚便於手指上出現。）

「侍次」是指宗杲當老和尚的侍者，老和尚看到他的長指甲便說：「我想，東司頭的籌子可能不是你洗的。」言下之意，指甲才會這麼長。「東司頭」是古代的淨房（廁所），「籌子」是如廁後刮屁股的木片。「淨頭」是打掃廁所的人，會收集籌子去洗；糞坑滿了，也要負責挑糞到菜園裡施肥。「師承訓」，指宗杲一聽就知道師父要讓他去做淨頭的工作。

一日堂問曰：「杲上座，我這裏禪，你一時理會得，教你說也說得，教你做拈古、頌古、小參、普說，你也做得。祇是有一事未在，你還知麼？」對曰：「什麼

事？」堂曰：「你祇欠這一解在，若你不得這一解，我方丈裏，與你說時便有禪，纔出方丈便無了。惺惺思量時便有禪，纔睡著便無了。若如此，如何適得生死？」對曰：「正是某甲疑處。」

此處一開頭便稱呼宗杲為「上座」，表示此時已經讓他當上座了。有天湛堂問宗杲：「我這裡的禪，你不用很長的時間就能領會，也能說得很好，拈古、頌古，還有小參、普說，樣樣都行。但還有件事沒做到，你知道嗎？」「拈古」是把以前的公案舉例出來為大家解說，「頌古」就是把這則事用詩詞來讚嘆歌誦，「小參」是指老和尚沒有空的時候，讓宗杲也可以代替小參，回答禪眾的問題。「普說」跟上堂不太一樣，上堂還要迎請，還要唱讚、拈香、上大座，普說就不一定，是儀式比較隨緣的開示。

宗杲回應：「是什麼？」湛堂回答：「你還欠一事沒了解，像啪的一聲。」就是還沒有破，像竹子踏斷「啪」一聲，代表所學的一切都橫梗在心裡，未見到生命實相，還是落在身心有所得。所有的學習都僅止於知見上，學得再好，生死來臨都無濟於事。「這正是我的疑處。」宗杲心裡清楚自己並沒有徹底的了悟。

湛堂疾亟，師問曰：「倘和尚不復起，某甲依誰可了此大事？」堂曰：「有個

勤巴子，我雖不識渠，然汝必依之，可了汝事。若見渠不了，便修行去，後世出來參禪。」

「亟」是很嚴重的事，「湛堂疾亟」指後來湛堂生病有生命危險，宗杲問他：「倘若你老人家圓寂，該請誰指導我了脫生死大事？」湛堂回答：「有個勤巴子[9]，他是四川人。我雖然不認識他，但你去依靠他，應該可以了你的大事。如果你沒因緣親近他，便自己進山老實修行，等下輩子再出來參禪弘法。」宗杲現在雖然能講能寫，甚至超越當代許多禪師，但湛堂認為還是不夠。

及堂化後，師往荊南，謁張無盡求塔銘。張問曰：「公祇恁麼著草鞋遠來？」師曰：「某數千里行乞來見相公。」又問：「年多少？」師曰：「二十八。」又問：「水牯牛年多少？」師曰：「兩個。」又問：「什麼處學得這虛頭來？」師曰：「今

9 圓悟克勤（1063～1135）宋代臨濟宗高僧，或作「圓悟克勤」。又稱巴頭子、川勤。此因圓悟頭上有一疤痕，狀如巴字，故禪林間乃稱之為「勤巴子」。或由於圓悟為四川成都西邊人，而成都又有「巴西」之稱，故稱之為勤巴子、川勤等，乃指其出身成都之意。克勤先從成都圓明禪師學習經論，後至五祖演處修行，蒙五祖演印證，嗣其法，成一代宗師，有「佛果禪師」之號，後宋高宗又賜號為「圓悟」，著有《碧巖錄》。

日親見相公。」

等到湛堂火化後，宗杲便往荊南謁見張無盡（張商英），請求撰寫塔銘。出家人荼毗後，弟子會將師父的舍利建塔供奉紀念。張無盡當時雖是居士，但他悟道以後，在禪林裡名氣很大、無人不知無人不曉。如果邀請有名望的大德撰銘，大眾就可以藉此得知湛堂文準禪師，吸引有興趣者研究老和尚的教導，於是宗杲前往荊南求見。

張無盡問宗杲：「你就這麼穿著草鞋大老遠跑來？」宗杲回覆：「我走了數千里遠，行乞來見相公。」宗杲要見張無盡，得要經過介紹信才得以登門拜訪。張無盡沒見過湛堂，願不願意提筆背書，也要視其弟子是否見地不凡。所以張無盡問「他年紀多少？」「水牯牛年多少？」問完年紀之後，又考「水牯牛」，這引南泉普願禪師公案。宗杲回答：「兩個」，指你跟我，一方面誇張無盡，一方面也不貶低自己。張無盡又問：「你從什麼地方學得這虛頭？」意指這不是從心地湧現，是從經教義理來的，故稱「虛頭」，不是老實究竟的體悟。宗杲回說：「今日親自來見到您。」

張笑曰：「且坐喫茶。」纔坐又問：「遠來有何事？」師趨前曰：「泐潭和尚示寂荼毗，眼睛牙齒數珠不壞，舍利無數，求大手筆作塔銘，激勵後學。」張曰：

「有問問公，若道得即作塔銘。」師曰：「請相公問。」張曰：「聞準老眼睛不壞，是否？」曰：「是。」張曰：「我不問這個眼睛。」曰：「相公問什麼眼睛？」張曰：「金剛眼睛。」曰：「若是金剛眼睛，在相公筆頭上。」張曰：「若如此，老夫為他點出光明，令他照天照地去也。」師謝。張遂著銘。

這時候張無盡才笑著請宗杲喝茶，剛坐下又接著問：「你大老遠來有何事呢？」。宗杲為說明清楚，所以主動向前靠近說：「在江西泐潭的湛堂文準和尚示寂，已經茶毗了，火化後眼睛牙齒皆不損壞，舍利無數，因此今日來請求您大手筆作塔銘，以激勵後學。」「大手筆」是稱讚對方的文筆風采及名聲風範。張無盡說：「我有個問題問你，如果你說得出來，我就作塔銘。」宗杲回：「請相公問。」後來宗杲說：「如果要問金剛眼睛的話，那是在相公您的筆頭上。」意思是老和尚留下的法身舍利（即金剛眼，也指他留下的語錄），是否能有機緣受後人重視，還需要有人為他提點稱揚一番。張無盡便回說：「若是如此，那老夫願為他點出光明，令他照天照地。」看來他們之間這些高來高去的對話，令張無盡感到很滿意，因此宗杲道了謝，得到了塔銘[10]。

復謁靈源草堂諸大老，咸被賞識。與洪覺範遊，覺範嘗見其〈十智同真頌〉云：「兔角龜毛眼裏栽，鐵山當面勢崔巍，東西南北無門入，曠劫無明當下灰。」歎曰：「作怪我二十年做工夫，也只道得到這裏。」

之後宗杲再去參見靈源草堂的長老們，大德都對宗杲很賞識。惠洪覺範[11]是當時的名僧，曾見過宗杲寫的〈十智同真頌〉而很欣賞。

宗杲在〈十智同真頌〉文說「兔角龜毛眼裏栽」，眼睛本來就不該有這些東西，更何況是放入世界上不存在的東西。其意是「參」本來就是多此一舉的動作，如果本心本能自見，又何來此舉？但因為當下不能即見本心，所以又不能不「參」。「勢崔巍」是

10 《指月錄》載：「銘有云：『四大色身，諸緣假合，從本已來。舍利豈有體性？若梵行精潔，白業堅固，靈明廓徹，預知報謝，不驚不怖，則依正二報，毫氂不失。世間粗心，於本分事上，十二時中，不曾照管，微細流注，生大我慢，此是業主鬼來借宅。如此而欲舍利流珠，諸根不壞，其可得乎？』」

11 惠洪覺範（1070～1128），又名德洪，字覺，自號寂音，臨濟宗黃龍派真淨克文的法嗣。著作豐富，其中《智證傳》、《石門文字禪》和《禪林僧寶傳》最能表達惠洪對禪林、宗法的關注。

在形容一開始參時，感覺就像鐵山巍巍聳立在你面前，這過程就像蚊子叮鐵牛般非常艱苦，但只要參到疑情成團時，就會像「東西南北無門入，曠劫無明當下灰」，就是見自本心了。洪覺範看了之後感歎說：「我二十年來在參禪上努力，也只不過修到這個地步而已。」讚嘆宗杲如此年輕，卻有如此難得的境界。

又過無盡，無盡與論百丈再參馬祖因緣（語具百丈章中），無盡亟賞之，促師見圜悟。及悟住天寧，師往依之。自惟曰：「當以九夏為期，其禪若不異諸方，妄以余為是，我則造無禪論去也。枉費精神，蹉跎歲月，不若弘一經一論，把本修行。庶他生後世，不失為佛法中人。」

後來宗杲又遇到張無盡，因為有上次寫銘的機緣，這次再見，張無盡就邀請他暫住一段時間。某日二人討論到百丈再參馬祖的公案[12]，讓張無盡非常欣賞宗杲。

---

12 師（百丈懷海）侍馬祖行次，見一群野鴨飛過，祖曰：「是什麼？」師曰：「野鴨子。」祖曰：「甚處去也？」師曰：「飛過去也。」祖遂把師鼻扭，負痛失聲，祖曰：「又道飛過去也？」師於言下有省，卻歸侍者寮，哀哀大哭，同事為曰：「汝憶父母邪！」師曰：「無。」曰：「被人罵邪？」師曰：「無。」曰：「哭作什麼？」師曰：「我鼻孔被大師扭得痛不徹。」同事曰：「有甚因緣不契？」師曰：「汝問取和尚去？」同事問大師曰：「海侍者有何因緣不契，在寮中哭，告和尚

宗杲曾向張無盡提起想親近圜悟克勤（或作「圓悟克勤」），當時圜悟很有名氣，但是路途遙遠，於是無盡便替宗杲安排好。後來皇帝改派圜悟去住持天寧寺，所以宗杲不必千里迢迢，反而還比圜悟早一天到達天寧寺。圜悟首次開堂時，他就在座下聽。

一夏是一年，「九夏」就是九年。當宗杲要去親近圜悟時，心裡想著：「這次去參他頂多九年，圜悟的禪如果跟以前參訪過的禪師差不多，可能又會認為我能說能寫，搞不好就認定我已開悟了。若是這樣，不如就寫一本無禪論吧！世間到底有沒有禪這東西？如果沒有，枉費我耗費精神天天在參什麼『父母未生前的本來面目是誰？』不如就自己好好修行，來生再當佛門弟子，繼續精進下去。」

既見悟，晨夕參請。悟舉雲門「東山水上行」語令參，師凡呈四十九轉語，悟不肯。悟一日陞座，舉雲門語曰：「天寧即不然，若有人問『如何是諸佛出身處？』

為某甲說。」大師曰：「是伊會也，汝自問取他。」同事歸寮，曰：「和尚道汝會也，教我自問汝。」師乃呵呵大笑，同事曰：「適來哭，如今為甚卻笑？」師曰：「適來哭，如今笑。」同事罔然。次日馬祖陞堂，眾才集，師出，卷卻席，祖便下座，師隨至方丈。祖曰：「我適來未曾說話，汝為什麼便卷卻席？」師曰：「昨日被和尚扭得鼻頭痛。」祖曰：「汝昨日向甚處留心？」師曰：「鼻頭今日又不痛也。」祖曰：「汝深明昨日事。」師作禮而退。（錄自《五燈會元》）

但向他道：『薰風自南來，殿閣生微涼。』」

見到圜悟禪師後，宗杲早晚都將參悟的心得向圜悟請益。圜悟用雲門的話「東山水上行」[13]來讓他參。為何舉「東山」？因為雲門住的地方東邊山底下有條河，「東山水上行」，這就是禪宗不為你說破，以「東山」代表不動的心性，「水上行」代表可以運用無邊。宗杲能夠四十九轉、有很多解釋，但圜悟就是不肯認定他。

有人問雲門文偃禪師「什麼是諸佛出身處？諸佛如何來悟道？」「諸佛」不是指佛，是指眾生。眾生要依哪個法門才能得到成就？這就是「出身處」。圜悟就「如何是諸佛出身處」這個問題，回答說：「薰風從南邊吹來，大殿升起微微的涼意。」後「薰風自南來，殿閣生微涼」，南方吹來的風應該是熱風，為何此處說微涼？簡單說，諸佛出生處沒有好壞、生死、善惡等差別，智慧所到之處沒有障礙。禪宗的東西要從這裡悟起，怎麼修行使自己得自在？就要確實知道自己是誰。

有人問雲門文偃禪師說：「如何是諸佛出身處？」禪師答：「東山水上行。」意思

13 這裡的「雲門」是指雲門文偃禪師的一則公案。（編按：大慧宗杲也自號為雲門，有的時候雲門也指雲門宗。所以雲門沒有固定代表什麼，要看前後文之意。）

是東邊的山在水面行走。家師在《聖嚴說禪》中提到：「『東山水上行』是比喻沒這樣的事，但人往往把真的看成假的，把假的看成真的，意謂不要把幻境當成實境，幻境是不實在的。所以這句話旨在解除修行人的執著，從夢想顛倒中清醒過來。

師聞舉豁然，以白悟。悟察師雖得前後際斷，動相不生，却坐淨裸裸處。語師曰：「也不易你到這個田地，但可惜死了，不能得活，不疑言句，是為大病，不見道：『懸崖撒手自肯承當，絕後再蘇欺君不得』，須知有這個道理。」師曰：「某甲只據如今得處，已是快活，更不能理會得也。」

宗杲聽到「薰風自南來，殿閣生微涼」這話，忽然豁然開朗，他馬上向圜悟表明了悟了。但圜悟觀察到宗杲這樣的境界是不錯，但仍只是前後際斷而已，這是在一時之間見到自己的清淨心，沒有過去、未來的分別，已達到動靜二相了然不生。

圜悟告訴宗杲：「你能修到這地步也不簡單，可惜死了，不能活過來。」妄想分別心當下頓斷，這叫死。死了以後要活過來，活不過來就是坐在法身裡，沒有透脫。「不疑言句」指在一句話下能全部承擔，但沒有從裡面活過來。雖然沒分別，但還是沒轉身過來。要明心見性，知道性是如如、本不生滅的，但心卻有種種功能妙用。「懸崖撒手」

時才真正承擔，「懸崖撒手」是登到最高山頂上的人，所必須承擔的。有些人透過打坐、參禪、參話頭，參到身心安定自在的境地，做什麼都很安然，這只是在定中而已，了不起是捨念清淨，是第四禪。

「絕後」，死掉再活過來後，什麼話都騙不了你。老師認為宗杲還沒有悟透，他自己也承認。有如今的體驗就讓他很快活了，對於生命實相的狀況，他也真實毫不掩飾地表示，自己還無法進一步體會。

悟令居擇木堂，為不釐務侍者，日同士大夫閒話。入室日不下三四，每舉「有句無句如藤倚樹」問之，師纔開口，悟便曰：「不是。」

擇木堂（禪堂）是指善知識的養成處，圜悟讓宗杲當禪堂裡的侍者，專門陪來客談話。「閒話」所談皆是大師語錄或佛理的內容與討論。禪門修行是不閒聊一般雜事，因為非常不利修行。

「入室」指方丈室，因為常要陪士大夫進去向老和尚問法，就會有一些簡短的對話。例如老和尚每每丟「有句無句如藤倚樹」給他參，他才開口準備要回應，老和尚未聽他講完就說：「不是、不是」。

有經典文字記載稱作「有句」，沒有記載的就是「無句」。所以「有句無句如藤倚樹」，指不管是文字記載或離文字外的都叫「句」，就像藤一定要靠著樹才會往上攀升，可是最後藤一定也會把樹纏死，藤也就跟著亡。「樹倒藤枯」時又該如何？如果掉在句裡句外去研究，則只是心在攀緣，有一天心亡時，哪個才是究竟真實？

> **經半載，念念不忘於心。一日同諸客飯，師把箸在手，都忘下口。悟笑曰：「這漢參黃楊木禪，却倒縮去。」師曰：「這個道理，恰似狗看熱油鐺，欲舐舐不得，欲捨捨不得。」悟曰：「你喻得極好，這個便是金剛圈、栗棘蓬也。」**

過了半年，宗杲念念不忘，在日常生活中仍是認真參。有天和別人同桌吃飯時，拿著筷子竟然定格、忘記下口，圜悟就笑說：「這傢伙是在參黃楊木禪」。宗杲便回：「您老人家講黃楊木禪，我則形容自己像狗看到熱油鐺（滾油），滾油裡的食物很香，狗想吃又不敢舔，也捨不得離開。」這是在講自己的狀況，「有句無句如藤倚樹」參來參去，好像有東西在裡頭，卻又吃不到，要放棄又捨不得。圜悟說：「你這個比喻很好，這就是禪宗說的金剛圈、栗棘蓬。」

「金剛圈」是《西遊記》裡套在孫猴子頭上的金剛圈，拿不下來。栗子未剝之前外面是尖尖的會扎口。想吃又怕扎口，這叫「栗棘蓬」。

一日問曰：「聞和尚當時在五祖，曾問這話，不知五祖道甚麼？」悟笑而不答。師曰：「當時須對眾問，如今說亦何妨？」悟曰：「我問有句無句如藤倚樹，意旨如何？」祖曰：「描也描不成，畫也畫不就。」又問：「樹倒藤枯時如何？」祖曰：「相隨來也。」師當下釋然，曰：「我會也！」悟遂舉數誵訛因緣詰之，師酬對無滯。悟曰：「始知我不汝欺。」遂著《臨濟正宗記》付之。

宗杲又問：「『有句無句如藤倚樹』這話您老人家曾在五祖法演[14]那裡問過，不知當時五祖怎麼回答呢？」圜悟笑而不答，宗杲說：「當時都能在大眾面前回答，如今為我而說，有何不可？」前半年老和尚都不理他，經過半年後再提起，圜悟這時回答：「我問五祖：『有句無句如藤倚樹，意旨如何？』五祖說：『描也描不成，畫也畫不就。』」五祖為什麼這樣回答？意指生命實相，非語言文字心思可去想。

---

14 法演（1024～1104），俗姓鄧，綿州巴西人。後住蘄州（今湖北蘄春）五祖山東禪寺，世稱「五祖法演」。五祖法演的嗣法弟子共有二十二人，其中以佛眼清遠、佛果克勤、佛鑒慧懃最為有名，有「法演下三佛」之稱。楊岐派發展到五祖法演時，因此而大盛。

圜悟又問五祖：「樹倒藤枯時如何？」五祖回答：「相隨來也。」明明你說樹倒藤枯了就沒東西，問這句是不是又生起一個相來？都說佛是無相的，你又問到底什麼是佛？這叫「相隨來也」。「釋然」是清清楚楚的意思，宗杲說：「我會也！」當下徹底明白生命實相，不光只是會解釋而已。

「誵訛因緣詰之」，圜悟把那些對錯難分及難解的因緣（指公案）都拿來進一步逼問宗杲，宗杲皆應對如流、沒有停滯。圜悟說：「到現在你才知道我沒有欺騙你，這麼久以來都沒有印可你，是因為不欺騙你。」圜悟隨後就把《臨濟正宗記》給宗杲，即印可傳法給他。

師既大徹，反於數禪客有疑，乃以問悟，悟云：「我這裏禪，如大海相似，你須將個大海來傾去始得。若只將鉢盂盛得些子去便休，是你器量只如此，教我怎奈何？能有幾個得到你田地，往時只有個璟上座，與你一般，却已死了也。」未幾令分座，室中握竹篦以驗學者，叢林浩然歸重。

宗杲徹悟後，反而是圜悟座下的禪客覺得宗杲悟得不究竟。於是宗杲問了圜悟有關其他禪客的懷疑，圜悟說：「我這裡的禪法好比大海，你也要用相同大海的量才能裝得下，不要只拿缽盛一點就算了；如果你的器量只有如此，那我也沒有辦法。現在能有幾個人達到你這般田地？沒有幾個是大徹大悟的。以前只有璟上座與你相當，但他已經死了。」

沒多久圜悟就分座給宗杲，「分座」表示可以當祖做師、自行獨立弘化。「室中握竹篦以驗學者」，表示宗杲已成師，能在他的首座寮裡，握著竹篦堪驗學禪者。「叢林浩然歸重」，表示其教法在叢林中受大眾景仰敬重。

「公案」原指辦公的一些檔案，就是材料，這些先前的經驗或判律文案，可提供處理相關事物的人做進一步的了解。例如現在參話頭，都會用宗杲的「無」，什麼是無？事實上這個話頭是源自於公案，有人問趙州和尚：「狗子有佛性也無？」他說：「無。」自己對整個公案脈絡都清楚後，就反問自己：「為什麼趙州會說狗子沒有佛性？佛法不是說一切眾生都有佛性嗎？怎麼會是無？」這樣的用功就叫參公案。

什麼是參話頭？大慧宗杲認為只要用一個「什麼是無」，也不問你那個是什麼，就是要告訴你「無」就是真正的答案，不要去問無是不是就是空、就是見性、就是佛或種種其他，因為根本不是在這裡。

大乘祖師禪禪法就是一切諸法遠離一切造作分別，當下即是，這才是真正的禪。雖然如此具足，但奈何常會被帶著跑，不得已只好提供一個東西去捉住。祖師禪的用功，不是在教理上的推敲，也不是從文章字句去了解。思索、分別與研究，都是心意識的作用，不是祖師禪的參法。

身為現代的我們，必須正確知道佛法指導我們什麼，要正確知道禪師們為什麼會發展出這樣直接的禪法，如果你只是去研究禪師的說法或教法，那為何不直接研究經典？祖師禪的教導可以用於現代，我們在生活中時刻都用得上，時刻都能不離禪修，時刻都能得到因禪修而獲得的身心安定及智慧覺照。

會女真之變，欲取禪師十數，師在選，獲免，趨吳虎丘。閱《華嚴》，至八地文，洞徹昔所。請問湛堂殃崛奉佛語救產難因緣，初師以此請益湛堂，堂曰：「正爬著我癢處，這話是金矢法，不會如金，會得如矢。」師曰：「豈無方便？」堂曰：「我有個方便，只是你剗地不會。」師曰：「望和尚慈悲。」堂曰：「殃崛云：『我乍入道，未知此法，待問世尊。』未到佛座下，他家生下兒子時如何？『我自從賢聖法來，未曾殺生』，殃崛持此語，未到他家，已生下兒子時如何？」師茫然。

「女真」就是金人，金滅北宋時，宗杲往南逃到南宋領地。當時金人探聽出南宋有十位有名的禪師，希望南宋能送這十位大禪師到女真國去。「師在選，獲免」，宗杲在名單裡面，但他不願意去，便運用一些關係除掉自己的名字後，趕緊跑到吳越虎丘（今江蘇浙江虎丘山），並在那裡閱讀《華嚴經》。讀至第八地時終於真正體悟，為什麼佛陀回答的話裡面明明就說有生滅來去、有生有死、有出家未出家等，而殺生明明就有罪業[15]，為什麼殃崛能到「不動地」？以前宗杲問湛堂，湛堂要他自己親自領悟，可知禪貴在親身體悟，若只是透過他人教導，很容易掉落在知見理解裡。

因為不是自己的領悟，只是種種知見理解，就沒有力量運用到日常生活中，就會被

15 救產難因緣可見《佛說鴦掘摩經》：爾時，賢者指鬘處於閑居服五納衣，明旦持鉢入舍衛城普行分衛，見有諸家懷妊女人，月滿產難心歸怙之。問指鬘曰：「欲何至趣唯蒙救濟。」指鬘得供出城，食畢，澡竟去器，獨坐加敬，詣佛稽首，白世尊曰：「我朝晨旦著衣持鉢，入城分衛，見有女人臨月欲產，產難恐懼，求見救護。」佛告指鬘：「汝便速往謂女人曰：『如指鬘言至誠不虛，從生已來，未嘗殺生，審如是者，姊當尋生，安隱無患。』」指鬘白佛：「我作眾罪不可稱計，殺九十九人一不滿百，而發此言，豈非兩舌乎？」世尊告曰：「前生異世今生不同，是則至誠不為妄語，如斯用時救彼女厄。」即奉聖旨往到女所，如佛言曰：「如我至誠，所言不虛，從生以來未曾殺生，審如是者，當令大姊安隱在產。」所言未竟，女尋　軀，兒亦獲安。

遭遇的境界、因緣與相狀帶著跑。「寒山問拾得曰：『世間謗我、欺我、辱我、笑我、輕我、賤我、惡我、騙我，如何處治乎？』拾得云：『只要忍他、讓他、由他、避他、耐他、敬他，不要理他。再待幾年，你且看他。』」我以前覺得這樣好孬，但仔細想想並非如此。當我們真正修行的時候，就會如同《六祖壇經》所言「他非我不非，我非自有過」，為什麼你不會非？因為沒有著在相上，所以當人家起煩惱時，你看起來好像是示弱，但是不是真的示弱，是暫時讓這些境界有一個空間有可以緩衝，就不會起碰撞。

再進一步觀察反省自己，如果覺得自己都做得不錯，人家可能是因緣還沒到，你就用更多時間與因緣去向他說明，是用很多語言或行動，最後讓人家了解最初其實是誤解，不是只用言語來強辯。真有這樣的認知，把自己放下後升起慈悲願力，自然而然就不會引起對立，因為，對立才是真正的傷害。

只是有的人變成消極的空，以為只要管好自己就好，修行上則變成對境界不聞不問，甚至希望思想不要起、眼不亂看、心不要亂想，以為這樣叫修行，其實這不過是躲避某一種相的產生，不是真正的修行。

至是讀至菩薩登第七地，證無生法忍，云：「佛子，菩薩成就此忍，即時得入

> 菩薩第八不動地，為深行菩薩。難可知，無差別，離一切相、一切想、一切執著，無量無邊，一切聲聞辟支佛所不能及，離諸喧諍，寂滅現前。」

「至是」指宗杲在此時讀到《華嚴經》「菩薩登第七地」，當下立刻證得無生法忍。以前我們很容易掉在認為一切諸法有真實的相，學佛後要時時觀照生命及生活。若要體會一切諸法當下就是如此，就要證得無生法忍，但是別把它當作沒有生。無生法忍是證知一切諸法不是實有，認定為實有就是諸法非空；而這空亦不掉入斷滅，這樣就叫真正的無生法忍。

當真正認知「無生法忍」了，便知道一切諸法都是如此。看起來生滅來去，但生滅來去的當下就是不生滅。所以，為什麼湛堂問宗杲：「未到佛座下，他家生下兒子時如何」，都是在說明來去的當下，它有來有去，殃崛摩羅呈現有來有去，但來去的當下就是不來不去。

「自從賢聖法來，未曾殺生」，即指做為沙門以來，未曾殺生。何謂「沙門」？不是真的剃頭後才是，是指不被諸法所限制住，知道一切諸法當下緣起空寂，這樣才稱做「沙門」。難道當沙門以來從不殺生？這是大妄語。這裡的不殺生是指從本以來，諸法就不曾有殺盜淫妄種種一切差別，沒有一個實際的相是如此，這只不過是因緣和合的假相，要知道諸法的實相是不生不滅、不來不去。

「佛子，菩薩成就此忍，即時得入菩薩第八不動地」，證得無生當下馬上就相應到不動地。所以你相應到「無智亦無得」時，馬上就畢竟空故得成，便是「無智亦無得，以無所得故，菩提薩埵」，真實的菩薩，真正相應到一切諸法的不動才是真不動。為什麼「難可知」，因為離一切相、離一切想、離一切執著，沒辦法用心意識思惟。

「離一切相」恰恰就是「即一切相」，就是不離現在的一切相，但是又不掉在相上，才是真的離一切相。「離一切想」恰恰是所有的想都任它起，可是當下一切的想，都知道是緣起無相，所以皆不執著。「離一切執著」，不是去掉煩惱就可以得解脫，或是了一切生死就可以成佛，而是知道一切諸相並非沒有，都只是緣起的假相，沒有真實的存在。

這些不是聲聞辟支佛等小乘修行人證果後所能了知的。「離諸喧諍」，就是一切諸法當下清淨如如。以我們眾生的角度有好壞、染淨、男女相等種種分別，這就是「喧諍」。你若清楚知道一切諸法是緣起空，就不會著在相上，自然就離一切喧諍。「寂滅現前」，不是這時候才現前，而是諸法當下就呈現出本自清淨如如。

「譬如比丘具足神通，得心自在，次第乃至入滅盡定，一切動心憶想分別，悉皆止息。此菩薩摩訶薩亦復如是，住不動地，即捨一切功用行，得無功用法。身口意業，念務皆息，住於報行。譬如有人夢中見身墮在大河，為欲渡故，發大勇猛，施大方便，以大勇猛、施方便故，即便寤。既寤已，所作皆息，菩薩亦爾。見眾生身在四流中，為救度故，發大勇猛，起大精進，以勇猛精進故，至此不動地，既至此已，一切功用靡不皆息，二行相行皆不現前。此菩薩摩訶薩，菩薩心、佛心、菩提心、涅槃心，尚不現起，況復起於世間之心。」師因豁然，打失布袋，湛堂所說方便，忽然現前。

佛陀先以年歲較長且具有神通力的比丘們來做比喻，他們了解佛法正知見後，經過次第禪定到達身心安定，經過「慧」在生活當下去應證，知道果然只要做到智慧的觀照、不著在相裡，停止心意識的分別妄想便眾苦皆離，當下一切諸法緣起空，如此就是證悟，就是涅槃。小乘的涅槃稱作「滅受想定」。

第七地跟第八地的菩薩到達這樣的境界，就像比丘修到「滅受想定」時，這樣即「住不動地」的當下，此處的「住」不是有個東西可住著，而是呈現的狀態。到達這樣時便能「捨一切功用行」，意指在萬行實踐的當下皆無任何住著。「得到無功用法」，此指相應真正實相時，所作所為是不住著在有所作為的當下；只要掉在那裡，就成「一切有為法」，沒有相應到無為。一切相的本質就叫清淨，就稱緣起空，即是無我。在有為的當下便知道它是如幻夢泡影，則一切有為的當下就真正相應到無為。

這一段的文都是屬於《華嚴經》裡面的指導，可見我們大乘祖師禪法不能離開經教，宗杲從經教裡面開悟，從這一段可得明證。可以看出他在處處參訪明師學習的當下，沒有放棄對經教義理的研修，也沒有掉在經教義理的文字上去理解，匯歸到自己生命上真實體驗，這就是我們讀大慧宗杲語錄的真實原因。

圜悟詔住雲居，師往覲，悟即請為第一座。冬至秉拂，昭覺元禪師出眾問云：「眉間挂劍時如何？」師曰：「血濺梵天。」悟於座下以手約云：「住住！問得固好，答得更奇。」元乃歸眾。

「覲」是拜見，宗杲去拜見大德老人家，圜悟便請他當第一座（首座），冬至上堂說法時，有個昭覺元長老就起來問說：「眉間掛劍的時候如何？」是指老和尚是以眉間掛劍得殺氣騰騰之法教導，這時該如何？宗杲回答：「血濺梵天。」一劍砍下去不就血濺了嗎？圜悟在底下說：「問得好，答得妙！」

沒有真實體悟的人是回答不出這句話，反而會掉在分別裡，會掉在「眉間掛劍如何是好」。首座第一天上堂就讓大家心服口服，之後老和尚也常常來聽他說法。

師每入室，圜悟時來聽其語，一日入室罷上方丈。悟云：「或有個禪和子，得似老僧，汝又如何支遣？」師云：「何幸如之？正如東坡說：『作劊子手，一生得遇一個肥漢剮。』」悟呵呵大笑云：「你倒與我入室，撈得我上壁也。」悟又問：「達磨西來，將何傳授？」師曰：「不下總作野狐精見解。」又問：「據虎頭收虎尾，第一句下明宗旨。如何是第一句？」師曰：「此是第二句。」

宗杲開悟了，為什麼圜悟還要一試再試？這一段看似是二位禪師刀光劍影，其實是圜悟愛徒惜徒的表現。宗杲雖然大悟徹底但終未成佛，所以仍時時用心修行，就像趙州老和尚終日不雜用心一般。

悟常言：「近來諸方，盡成窠臼。五祖下，我與佛鑑、佛眼三人，結社參禪，如今早見逗漏出來。佛鑑下，有一種作狗子叫鵓鳩鳴，取笑人。佛眼下，有一種覷

燈籠露柱，指東畫西，如眼見鬼一般。我這裏且無這兩般病。」

五祖山法演禪師的法嗣佛果克勤（圜悟克勤）、佛鑑慧勤、佛眼清遠，世有「演門二勤一遠」之稱，當時稱為「三傑」，也稱「三佛」。這三人很努力，廣宏佛法，使得當時禪風大盛。

圜悟常批評當時參禪人走到死胡同裡，禪者追求的東西看起來好像很有境界，實質上都沒有透過自己的實修實證。像在佛鑑慧勤門下，就有遇到未見性卻自以為已見性的弟子，那就像「狗子叫鵓鳩鳴」，意指不是獅子吼鳳凰鳴，就不是真見性。在佛眼清遠的門下，「燈籠露柱」意謂以本來面目呈現者，是指初見性者，有一些才初見性的弟子，就以為很了不起，好像見鬼般的大驚小怪。圜悟說在他那兒，這兩種都沒有。

師曰：「擊石火閃電光，引得無限人弄業識。舉了便會了，豈不是佛法大窠窟。」悟不覺吐舌，乃云：「休管他，我只以契證為期。若不契證，斷不放過。」師曰：「契證即得，第恐只恁麼傳將去。舉了便悟了，硬主張。擊石火電閃光，業識茫茫，未有了日。」悟深肯之。

「擊石火閃電光」形容極短暫的時間，亦比喻異常機敏。當時以為能夠機鋒往來，就是有修為、有能力的禪師，但這只是在無明業識中瞎攪和而已。所以，圜悟跟宗杲最後對話的共識就是：親修實證才是真正的，而非表象上的機鋒往來。

第三章　大慧宗杲禪師語錄選輯講釋

3-1 《指月錄》卷三十一〈酬答法要〉選輯講釋

又云：「古德有言：『尋牛須訪跡，學道貴無心。跡在牛還在，無心道易尋。』所謂無心者，非如土木瓦石頑然無知，謂觸境遇緣心定不動，不取著諸法。一切處蕩然，無障無礙，無所染污，亦不住在無染污處。觀身、觀心如夢如幻，亦不住在夢幻虛無之境。到得如此境界，方始謂之真無心。且非口頭說底無心。若未得真無心，只據說底，與默照邪禪何以異哉？但得本，莫愁末；空卻此心是本。既得本，則種種語言、種種智慧，日用應物隨緣七顛八倒，或喜或怒，或好或惡，或順或逆，皆末也。於隨緣處能自覺知，則無少無剩。」

又云：「古德有言：『尋牛須訪跡，學道貴無心。跡在牛還在，無心道易尋。』所謂無心者，非如土木瓦石頑然無知，謂觸境遇緣心定不動，不取著諸法。一切處蕩然，無障無礙，無所染污，亦不住在無染污處。」

這句話告訴我們：要找牛就要跟隨牛的足跡；而修學佛法這個大道，貴在無心。比喻當我們做到無心時，不需尋，道便自現；不是我們真的去找來的，而是它本來就沒離開過我們，既然要參自己的真心，必須藉由妄心去用功。

前者是告訴我們，尋牛要靠跡去找；後者說學道不可以落在有心，有心去找反而找不到。無心也是很重要的參話頭，但很多人把無心當成如同死人般，這是不對的。無心是指當我們「觸境遇緣」時，心是安定不隨境界所轉，這才叫做無心。不要以為無心就是像土木瓦石般什麼都不知道、什麼念頭都沒有，那叫死人。無心並非沒有念頭，是清楚明白，只是在境及因緣來臨時，心是寧靜不隨境風而起。還是會處理事情，對事情照樣明白，但不會掉落到個人見解、好壞是非之中，以智慧的觀照把事情處理好，這才叫無心。「蕩然」即無物，是蕩然、無障無礙、無所染污的，但不要住著在這些地方。

打坐時，是不是常要空卻怎麼也空不掉？你以為那樣境界是對的嗎？我以前也常這樣，打坐時，發覺前一支香四十幾分鐘，好像都很清楚、沒有起念頭，好像感覺到有什麼不一樣之後，身體突然一片清涼自在、沒有妄想，結果下一支香就希望和上支香一樣，卻再也沒有那種感覺。因為當你想要得到某個境界，一起心動念，那個境界就不可能出來。

「觀身、觀心如夢如幻，亦不住在夢幻虛無之境。到得如此境界，方始謂之真無心。且非口頭說底無心。若未得真無心，只據說底，與默照邪禪何以異哉？」

「觀」是觀照，觀照四大五蘊這假體身心是如夢如幻的。「夢」與「幻」不是虛無或斷滅，是指只有幻妄的虛假相，但我們常把虛假相當成實有。這段文字是告訴我們──要常觀察身心如夢如幻，但不住在夢幻裡，有這樣的體驗和境界才叫「無心」。對境界了了清楚，但是看一切境「如夢幻泡影，如露亦如電」，不會住著在那裡。如果是在「疑」裡，也只有一個疑情沒破而已，還是一切清楚明白。如果沒有真正得到無心，只是根據別人說的、自己口頭說的，這和默照邪禪[16]，又有什麼不同呢？都是掉落在身心相裡。

「默照」的「默」是指我們的本體，不生不滅、不來不去、不動不搖，所以稱為「默」，又稱為「如來」的「如」，即諸法「如如」。雖默而常照，雖照而不離默，就是智慧運用在日常生活間，應事應物時不被境轉，就叫「默」，就叫「無心」。能夠歷

16 大慧宗杲提倡話頭禪，認為修行必須在生活之中，反對遠離塵世，獨自修行。因此，他大力排斥當時流行的默照禪，認為它會造成修行者終日只知靜坐，是在「斷佛慧命」、「墮在黑山鬼窟裡」，有默無照，是邪禪。但是他與默照禪的主要倡導者宏智正覺禪師卻是好友，正覺禪師圓寂前還交代要讓大慧宗杲主持他的荼毗大禮。（關於更多「默照」和「話頭」的說明，請參考果如法師已出版的《禪門輕扣》和《正覺默照》。）

一切萬事萬物，如法地以智慧處理，這就叫做「照」。但大家後來都誤解「默」，當作只是安安靜靜、不要妄想、不要動念，什麼念頭都不要起，舒舒服服的很安定，這是邪禪，就算讓你修到八萬四千劫，仍是外道。

「但得本，莫愁末；空卻此心是本。既得本，則種種語言、種種智慧，日用應物隨緣七顛八倒，或喜或怒，或好或惡，或順或逆，皆末也。於隨緣處能自覺知，則無少無剩。」

「但得本」，已經得到根本的智慧、根本的道理，這個本就是清淨本自性。不要發愁說自己沒有或修不到，只需要撥開障礙，它就在那裡。但要怎麼做呢？「空卻此心」，心要放掉一切的分別對待，不對境起心動念，要了了清楚，體悟大地萬物都在跟你說法。空卻這個心，不是成為呆瓜，而是知道各種狀況卻不起分別愛厭。

「得本」的人無論用哪一種方式表現智慧，都能隨緣應用在日常生活的現象中。「物」泛指形形色色的人事物；「隨緣」意指不帶任何成見與我執，是真正的無心。得本的修行人，其喜怒哀樂好似不定，稱為「七顛八倒」，有時展現出不同的面貌，是一種權巧變化。

能常常覺知不離清淨心，再從清淨心起種種妙用，不離自性、佛法，就叫「自覺知」。作為佛弟子，常離開自己的覺知，那就失掉了觀照，就不叫「默照」。心不安，處處就不安；心能安，哪一個地方都安，這樣就是「無少無剩」，意思是恰到好處。

既學此道，十二時中遇物應緣處，不得令惡念相續，或照顧不著。起一惡念，當急著精彩，拽轉頭來。若一向隨他去，相續不斷，非獨障道，亦謂之無智慧人。

既然學佛參禪，就要學習在十二時中（意指不論黑夜或白天的任何時候）都不讓惡念相繼而起。完全惡念不起，只有佛才做得到；惡念只要不相續，就是修行人。若發現自己起了惡念，要警覺、趕緊提起話頭來參。一參，當下遇到的境界就空了，這就是「拽轉頭來」，就會安於清淨心。如果這一念起時，不回轉頭來而跟著去，就叫做流轉、生死不斷，就會障道，叫做沒有智慧的人。

又云：「昔道林禪師，居秦望山長松之上，時人謂之鳥窠和尚。白居易侍郎鎮錢塘，特入山中謁之，乃問：『禪師坐處甚危險。』師曰：『老僧有甚危險？侍郎險尤甚。』曰：『弟子位鎮江山，何險之有？』師曰：『薪火相交，識性不停，得非險乎？』又問：『如何是佛法大意？』師曰：『諸惡莫作，眾善奉行。』曰：『三歲孩兒也解恁麼道。』師曰：『三歲孩兒雖道得，八十老人行不得。』白遂作禮而去。」今欲省心力，莫管他三歲孩兒道得道不得，八十老人行得行不得，但諸惡莫作，便了此語。信也著，不信也著。請思之

道林禪師又稱為鳥窠禪師[17]，其居住處很特殊，是在秦望山的長松上面，類似西方人的樹屋，當時大家都稱他為鳥窠禪師。

當時白居易在錢塘擔任侍郎，到秦望山拜訪鳥窠禪師，並說：「禪師你坐得這麼高，看起來很危險啊！」禪師反問他：「老僧有什麼危險？侍郎你的危險才更大。」白居易覺得奇怪，說：「自己位鎮江山（即位居一方之主），哪有什麼危險？」禪師說：「你就如同燒柴火，火快熄了，再添柴火，快熄了，又再添柴火，這不危險嗎？自己的分別心、生死心奔騰不已，難道不險嗎？」意指：身體的四大五蘊，心的種種惡念慾望，就像薪火連綿不絕地燃燒。身體做了惡業，心又不受控制，彼此互相傷害，當然危險。

17 鳥窠禪師（741～824）本號道林，「鳥窠」是大家起給他的綽號。因為禪師有一次雲遊，見湖北秦望山中有一老松，松枝繁茂，盤屈如蓋。禪師心中歡喜，便爬上樹，在松枝之間住了起來，故此時人稱之為「鳥窠禪師」。

白居易再問：「佛法是什麼呢？」禪師答：「諸惡莫作，眾善奉行。」白居易又說：「這是連三歲小孩都知道的事，怎麼能叫佛法大意呢？」禪師回：「雖然連三歲小孩都會說，但八十歲的老人做不到啊！」佛法道理聽起來很簡單，但要真正做卻很困難。

又云：「世人現行無明，矯而為善，善雖未至，豈不勝寡廉鮮恥、託善而為惡者？教中謂之「因地不真，果招紆曲」。苟能直心直行，直取無上菩提，可謂真大丈夫之所為矣。塵劫來事，只在如今；如今會得，塵劫來事。即時瓦解冰消，如今不會。更經塵劫，亦只如是。如是之法亘古恒然，未嘗移易一絲毫許。」

世人現行無明，矯而為善，善雖未至，豈不勝寡廉鮮恥、託善而為惡者？教中謂之「因地不真，果招紆曲」。

「現行無明」，即是無明現行，無明就是沒有智慧。這句是在表達一般世人沒有把智慧用在生活當下，只是處處「矯而為善」，外表看起來有模有樣，內心卻是分別計較。往下又說，縱然這樣為善沒有做得很好，至少勝過寡廉鮮恥和託善而為惡的人。假借為善但卻做惡的人，因為在因地就不正，果地就必然也不會正。

但是，本來就不知道自己在做惡的人，仍要受那惡果，但這不是他矯詐而來，所以只要一回頭、聽懂並接受，很容易就接受指導。「矯而為善」的人並非不懂，是沒有做到，並且用他懂的東西來掩飾虛偽，這才最難去除。

苟能直心直行，直取無上菩提，可謂真大丈夫之所為矣。

修行要直心直行、直取無上菩提，才是真大丈夫的作為。「直心」便能「直行」，行為舉動和自己的心念不相違背。沒有差別相而能做到無相者，就是「真大丈夫」。

請記住祖師禪修行所謂的三漸次，就不易盲修瞎練，白費工夫。三漸次分別為：一、觀一切法為幻有；二、止；三、觀。

第一個漸次：觀一切法「如夢幻泡影，如露亦如電」。看一切有為法、事物風景都知如幻，不必執著，不真也不是沒有；同樣地，要善觀善待因緣，只是不要有強烈的我或外在境界的現象分別。

第二個漸次：止。大部分的止都著在相上，叫你數息，就認定有個我，有在數息的數字，認為有個實際的心可治可止，或外在的紛塵可止。為了制止外面的相，心中的相一直在動，也就是「止動無動，動止無止」的原因。因為只是從此境界達到想達到的彼境界，仍是落在心相上染淨的改變而已。

第三個漸次：使用數息觀，即清楚注意數字不讓它間斷。要清楚觀照心從什麼境界進入到身心的統一輕安，但仍非大乘的了義教。一切諸法均是緣生，當下即空寂，沒有能修的我跟所修的法，以及所要成就的果位，這就是「無智亦無得」。

三漸次是很重要的修行法門，觀照外在境界後還能做到如如不動，就是靠止跟觀，讓我們無論入淨或穢都無所染著。著力點在止跟觀，正知見是用功的著力點，要與實相相應，即應對任何法都「如夢幻泡影，如露亦如電」。

不要把參話頭當作不得了的事，家師形容話頭如金剛王寶劍，意指只要被金剛王寶劍碰到就能燒得粉身碎骨，魔來魔斬、佛來佛斬，只要一個「無」就能掃蕩一切會讓心起舞造惡業與貪愛的境界。但是不要認為有個心、有把真實寶劍能把捉。

又云：「世間塵勞之事，如鉤鎖連環，相續不斷，得省便省，為無始時來習得熟。若不力與之爭，日久月深，不知不覺，入得頭深，臘月三十日，卒著手 不辦，要得臨命終時不顛錯，便從如今作事處，莫教顛錯。如今作事處顛錯，欲臨命終時不顛錯，無有是處。」

世間塵勞事是連續不斷地一直來，故能省便省，不需要去牽連沾染。無始以來的習氣對塵勞事很容易相應與熟悉，甚至不用學就沾染很深，因此若不與習氣力爭，就「不知不覺，入得頭深」，意指一直串習下去不知回頭。等到「臘月三十日」，指生命最後一刻來臨，「卒著手腳不辦」，手腳就不知該怎麼辦，即不知所措之意。

「顛錯」是顛倒錯誤，意即當下該做什麼事卻不認真做也提不起話頭，偏偏分別思量計較外境的變化，這就是顛倒。如果平常就習慣如此，到臨終時就會有問題。若隨時隨地於行住坐臥中提起話頭：「什麼是無？」，則我們的生命絕不會顛倒。

又云：「學道人，十二時中，心意識常要寂靜無事，亦須靜坐，令心不放逸，身不動搖，久久習熟，自然身心寧怗，於道有趣向分。寂靜波羅蜜定眾生散亂妄覺耳，若執寂靜處便為究竟，則被默照邪禪之所攝持矣！」

做為一個修行人，「十二時中」指一整天，任何時候都要保持心靈的安靜。常常靜坐，久了心就可以遠離放逸懈怠，自然覺得身心安定。若身心習於安定，內在會輕安和諧，對參禪打坐就更有信心。但是，身心禪定的感受不是究竟，不能得智慧、了生死，沉溺於此就被默照邪禪困住。何謂默照邪禪？指很多人一打坐就掉在無記裡，如同冷水泡石頭。我們若只是在一片沉寂裡感到身心安定而沒有智慧，出定後定力慢慢消退，舊

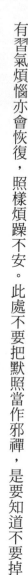

有習氣煩惱亦會恢復，照樣煩躁不安。此處不要把默照當作邪禪，是要知道不要掉進默照裡，變成無記就好。

以生死事在念，則心術已正。心術既正，則日用應緣時，不著用力排遣。既不著排遣，則無邪非。無邪非則正念獨脫，正念獨脫則理隨事變，理隨事變則事得理融，事得理融則省力。纔覺省力時，便是學此道得力處也。得力處省無限力，省力處得無限力。

為什麼把生死之事掛在心頭上，心術就會正？因為平常的心術都用在爭權奪利；但生死的事情無法用心術考量。此處的「心術」是指需要用心努力經營。但佛法無心之心即是正心，因此，在日用應緣時就不需用力排遣。既然心能在生死念上用功，對一切外境就不會著力太多。既然不用排遣，心術就沒有正邪是非。

「正念」指淨念，一心不亂。「獨脫」是超然、到達一心時，任何東西都牽動不了你。到達一心時，若身在戶外，聽覺和視覺都會有煥然一新的感覺；若到達禪定、進入無所分別，每一口呼吸就感覺到大地跟自我生命是一體的。

到無心時，所認知的理才不會變成知見上的東西，此時才不會住著在佛法的道理上。有些人認知佛法，以為是要把身體空掉、念頭空掉，以為如果有不好的念，就不是正念，所以要把不好的念頭去掉，要專心念佛。然而，像這樣所執的那一念也叫妄念，只要起心落在分別上，都不叫淨念、正念。

「理隨事變」，就是要通權達變。若頑固執著在道理上，不知依環境狀況而改變，這就是一種執著。能做到「理隨事變」就會「事得理融」，這時所做的事就能跟理融合，用佛法做事情會很順利，做人做事的結果都會合情合宜。帶人也不能完全只是理，要「恩威並重」，「恩」是帶領修行，不懂的地方要認真教，教不好或不認真學就要嚴厲處罰，可是遇到病痛也要好好照顧。

事情得理融就會省力，省力處就是學道的得力處，能夠得力就能省下無限的力。一個地方通了，後面就自然相輔相成、順利圓滿。

心意識之障道，甚於毒蛇猛虎。何以故？毒蛇猛虎尚可迴避，聰明利智之士，以心意識為窟宅。行住坐臥，未嘗頃刻不與之相酬酢。日久月深，不知不覺，與之打作一塊。亦不是要作一塊，為無始時來，行得這一路子熟。雖乍識得破，欲相遠離，亦不可得。故曰：「毒蛇猛虎尚可迴避。而心意識，真是無你迴避處。」

我們打從出生以來，就認為這個所思所想的就是我，認為我就是長這樣，我的個性就是這樣，這都是心意識的作用。宗杲說這個心意識比毒蛇猛虎還可怕！因為，我們還知道要害怕與躲避毒蛇猛虎，可是心意識運作非常好的人卻把它當作棲身之所，行住坐臥之中都與自己的生命緊緊結合。日久月深、不知不覺，就和心意識打成一片、密不可分。就算不是有意要打成一片，但因為無始以來的習氣，這條路子已經走得很純熟，就算學佛已知道心意識可怕的真面目，卻也不能遠離了。

士大夫多以有所得心，求無所得法。何謂有所得心？聰明靈利思量計較者是。何謂無所得法？思量不行計較不到，聰明靈利無處安著者是。不見釋迦老子，在法華會上，舍利弗殷勤三請，直得無啟口處。然後盡力道得個是法非思量分別之所能解，此是釋迦老子究竟此事，開方便門，示真實相之椎輪也。

宗杲一針見血說了修行久不得力的原因─以有所得心求無所得法。不能用聰明靈利、思量計較的有所得心學法，這叫我慢、我見、我傲、我貪。因為每個境界、每件事都以自己的認知來判斷對錯，於是每次都掉在境界相裡。

「思量不行」，是指不論再怎麼想它是什麼，想破腦袋仍然不是的那個東西，才是無所得法。「聰明靈利」到這時就沒有處所可安，就叫「妙行無住」。禪宗祖師喜歡把話直白的講出來，正是要破我們對釋迦佛的執著。

佛陀講經說法往往要弟子請講，但是在法華會上，舍利弗見佛打完坐從身上放種種的光是已入無量義三昧，所以請老人家慈悲開示：「您現在為什麼放光，到底有什麼大法要為我們開示？」佛平時聽到弟子祈請都會有所回應，可是這次不管舍利弗如何祈請，佛始終不動，甚至還制止舍利弗繼續祈請。這時，大眾有點不耐煩地鼓譟，因為在座大眾不是所有人都為了道業而來，於是會中便有五千人退席，佛默許他們離開。等他們走了，佛才說這些增上慢的人福德不足，未得果位卻自稱已得，未證者也說已證，這些人都不能留下來聽說大法，此後才為留下者詳述了《法華經》。

這裡所說跟經典不太一樣，此是禪宗在解釋「直得無啟口處」，是指真實大法是無人可說，因為無法思量計較，聰明靈利亦無所安著處，就算是釋迦老子也開口不得，因為亙古長存才謂真實妙法。若妙法是因佛出世之後才存在，那就有生滅來去，不叫大法。

最後告訴我們此法非言語文字所能明白，既然非言語文字能分別的，為何又要留下言語文字？這叫方便，是釋迦老子為了此事所開的方便門。為了告訴我們這件事是本自圓成、如如，可是因為眾生不悟，只好用種種教導的方便門來顯真實相。

無形無相的真實相是無法顯現的，為了解釋真實相，於是用椎輪來做比喻，這是一種假方便。以前的輪是木頭做的，中間是中空，中間空洞處才叫輪，椎則是一段一段拼成圓形的木頭塊。「輪」代表真實道，雖無相但不能離相，如同輪若離開椎，輪就沒有圓相。所以說椎輪是當下要看到那個圓相，而不是看那個椎，若只看椎就會落在相上而不是圓了，真實的圓是無形相。

昔雪峰真覺禪師，為此事之切，三度到投子，九度上洞山，因緣不相契。後聞德山周金剛主化，遂造其室。一日問德山：「從上宗風，以何法示人？」德山云：「我宗無語句，亦無一法示人。」後又問：「從上宗乘中事，學人還有分也無？」德山拄杖便打云：「道什麼？」雪峰於棒下，方打破漆桶。以是觀之，聰明靈利思量計較，於此個門中，一點也用不著。

昔雪峰真覺禪師，為此事之切，三度到投子，九度上洞山，因緣不相契。後聞德山周金剛主化，遂造其室。

這裡是宗杲引用過去大德禪修開悟的過程來做為開示。昔日雪峰真覺禪師到處探訪名師卻都沒遇到契合的，直到後來德山周金剛[18]拜別龍潭、出來弘化一方，雪峰於是造訪其室，依止德山學習，最後在德山周金剛底下了悟。

一日問德山：「從上宗風，以何法示人？」德山云：「我宗無語句，亦無一法示人。」後又問：「從上宗乘中事，學人還有分也無？」德山拈拄杖便打云：「道什麼？」雪峰於棒下，方打破漆桶。以是觀之，聰明靈利思量計較，於此個門中，一點也用不著。

一日雪峰問德山：「以前這些祖師大德所要弘揚的禪宗大意，都不是用語言文字來思索的，這樣要告訴人家什麼法呢？」德山說：「我們禪宗沒有一個法可以示人，也沒有任何語句可教人。」因為所有大法本來就在眼前，非語言思量能道得，能說的就不叫道，所以無言語也無一法可以示人。

經過一段時間，雪峰又問：「在大法裡修學的這件事情上，你覺得我到底是不是這

18 德山宣鑑（782～865），唐代劍南道簡州人，俗姓周姓，因精通《金剛經》，時人譽為「周金剛」。時以「棒打」接引學人，人稱「德山棒」。唐咸通六年圓寂，享壽八十四，敕諡「見性大師」。弟子有巖頭全豁、雪峯義存等人。雲門宗、法眼宗皆源於雪峯。

塊料？」他九上洞山、三上投子，從年輕修到年老還不悟，有些心灰意冷，便跑來問老和尚，在了生脫死大事裡，自己是否還有份？德山拿起拄杖便打罵：「在說什麼？」意指剛才你就陷在我相裡，掉入情緒中、在相上執著，所以一棒打下讓他變成有知覺的人，也終於打破雪峰的漆桶。

「漆桶」代表對這件事物不清楚，打破漆桶意同打破悶葫蘆，比喻心地終於明了本自如如、本自清淨、本自空寂，不是從外來，也沒有可斷、可了、可修、可證的，這就叫做「打破漆桶」。是形容原來的黑不再黑，不是沒有黑，是即黑的當下不著在黑的境界裡。

不管是出家在家的禪門修行人，若在參禪時用上聰明靈利思量計較，是一點用也沒有的。參禪不是叫你思量計較，是利用識心容易攀緣分別的特色，讓它以毒攻毒。用一句了無意義的話，讓識心沒東西可攀，就像到太空失重了，頓然身心無所依，一時之間就能放下習慣有所得的心，使第六意識極端失重。當心進入一心狀態，但又不知答案是什麼時，就是第六意識能分別的極限。當第六意識在突然之間不再分別，因緣時節來臨時，哪怕只是看桃花落、聽水聲潺潺，乃至任何一個外境，都能在此見到生命實相。

參話頭就只是故意讓識心無地方可攀緣分別，在參禪過程中不要用聰明靈利心，這會讓心魔有機會生起。

古德有言：「般若如大火聚，近之則燎卻面門；擬議尋思，便落意識。」永嘉云：「損法財滅功德，莫不由茲心意識。」故知，心意識非獨障道，亦使得人七顛八倒，作諸不善。既有究竟此道之心，須是具決定志，不到大休大歇大解脫處，誓畢此生不退不墮。佛法無多子，久長難得人。世間塵勞中事，如鉤鎖相續不斷。志意下劣者，往往甘心，與伊作伴侶。不覺不知，被伊牽挽將去。

古代大德有這麼一句話：智慧就如同聚集的大火把，能帶來光明溫暖，若想要有更多光明而靠近它，臉就會被燒到。不要把般若當作有相可追逐，般若只不過是告訴你世間真相是什麼，既是因緣所生法，故連般若也只是方便。

參話頭時要牢記這句話──「擬議尋思，便落意識」。我們的心跟諸佛一樣清淨，具足妙德智慧，只是現在做為凡夫不會使用。其實惜心惜力當下就回到家、跟自己清淨心相應，但誤解成要去惜它或者要丟掉世間的一切，以為這叫惜心惜力，這就落在相上、落在心意識上。

永嘉大師說：「損法財滅功德。」，意思是我們用心意識、用主觀的意見，就會掉在種種我相裡，就顯不出我們的法財，也就是本具的智慧來。落在心意識會滅法財滅功德，智慧的妙用就無法顯現。人的內涵不是向外追逐得來的，是向內、離開心意識去觀照真實生命為何的過程，就會變得越來越有深度。當你了解生命實相而進入到無心的狀態，這時恰恰叫佛心、大心。

若用心意識來修行，非但道修得不好，還會使人「七顛八倒」，就是掉在顛倒裡，看到境界就著，不是染污就是求聖。但是，佛法說遠離染淨二相，才叫實相。不僅七顛八倒，還「作諸不善」，藏在心裡的寶藏不知去尋，反而一直向外追逐。宗杲用心良苦地期許大眾別再七顛八倒，想要學佛、想要究竟，就要下定決心——「不到大休大歇大解脫處，誓畢此生不退不墮」。

按虛雲老和尚的解釋，佛法「何以無多子？只明白見此心性而已。無多子一言，歷盡甘苦之言也[19]。」修行學佛那麼久了，怎麼仍然不能相應？其實是自己日夜都向外追

19 虛雲老和尚言：「今之學者，只欲多知多見，轉為法縛。昔臨濟祖師於三頓棒後，始說出佛法無多子。何以無多子？只明白見此心性而已。無多子一言，歷盡甘苦之言也。雲今亦以無多子貢獻

逐、心外求法，這是最大可憐處。

世間塵勞事就像鉤跟鎖一樣相牽不斷，但是，哪件世間塵勞不是因緣所生法？有做觀察就不會被帶著跑。「志意下劣者」，就是沒志氣、智慧差者。比如現在讀這經典都知道了，但還是沒下大決心如是觀照，最後仍是被牽著跑，所以也是志意下劣者。「伊」就是五欲塵勞，「牽挽將去」指被帶走。若只是做個志意下劣、沒有覺照力量的人，那麼學佛再久，也不具備真實力量。所以，要鞭策自己不斷練習觀照身心，後來會發覺——原來不是境界障礙，是我自己去招惹。

除是當人夙有願力，方肯退步思量。永嘉又云：「無明實性即佛性，幻化空身即法身。法身覺了無一物，本原自性天真佛。」若如是思量，驀然向思量不及處，見得無一物底法身，即是當人出生死處。前所云無所得法，不可以有所得心求，便是這個道理也。

除非是這個人從前就有大願力，才肯在緊要關頭退步思量，否則都是被五欲塵勞帶

諸君。」

著走。想想：那是究竟安樂處嗎？是人生真實的歸依處嗎？以前不懂時覺得無明很苦，現在反觀它，無明實性即佛性。雖然身體如幻，最後都會死，可是佛陀說它就是不生不滅、不來不去、不生不死，為何會如此？不懂就參。

覺了法身以後，就知道本來無一物，不是變成空無；無一物是恰恰每一物都是法身，沒有一物不是法身，才叫「無一物」。法身是無相、無色、無味，所有一切都是法身，原來「法身覺了無一物，本源自性天真佛」，都是自性裡不假修證、天然自在具足的佛，哪還需要向外找？

要深信佛說的每句話，不懂就一直疑下去：無明為什麼是佛性？不要給答案，因為標準答案——「無明就是佛性」，只是你不能體會。疑不是沒有答案，是已經告訴答案了，為何還是不明白？才叫疑情。

要了解「無明實性即佛性，幻化空身即法身」，既是幻化身，還會怕去到哪邊會受傷或死掉沒了？這是人的顛倒。身體雖是如幻的，最後都會死，但當下佛陀說它就是不生不滅、不來不去、不生不死，為什麼？不知道就參。「驀然向思量不及處」這句話，說明有心造作就會離愈遠，「無心恰恰用，常用恰恰無」，就是思量不及處。參話頭到最後思量到不能思量的地方，便是「思量不及處」，也就是非思量所能到達之處，恰恰就是了。能在「驀然向思量不及處」，體會到本來無一物，當下那東西就叫清淨法身，當下就叫出生死。

士大夫一生在思量計較中作活計，纔聞善知識說無所得法，心裏便疑惑怕落空去。妙喜每見如此說者，即問：「他只這怕落空者，還空也無？」十個有五雙，分疏不下。蓋平時只以思量計較為窟宅，乍聞說著不得思量底話，便茫然無討巴鼻處。殊不知只這無討巴鼻處，便是自家放身命底時節也。

在那時代能參禪者，往往是士大夫階級，他們喜歡追求事物上的享受，和我們現代人的條件較相似，所以這些人一生都是在思量計較中作活計。譬如：聽了佛法開示，就用心意識去思索它，想要得到佛法智慧，好像用這方法來營生一樣。

士大夫是動腦子寫文章，他們若離開了「我思故我在」，就覺得自己不存在了，因此一聽到老和尚開示說無所得法，修行要遠離一切有所得，心裡就因疑惑而害怕掉入空裡，用心意識學佛更是落在有相有得。尤其從小學習聖賢孔孟之理，一直以忠孝仁愛做為道德標準，認真用功以得名利，乍然聽到佛法的無相、空、無所得、無所取，很容易掉到空無裡。儒家的三不朽：立德、立功、立言，恰恰與佛法相反，這些士大夫聽到無所得法，心中的疑惑就會導致掉入空裡。

妙喜是宗杲的名號，在此處是其自稱。他說每次見到這樣怕落空相的人，就會問他：「你這怕落空的人，還會空嗎？反正最後也是要空，你還怕它嗎？」空若能悟，以後的生命才能究竟不空，難道現在害怕空，就不空嗎？反而時時都活在空的顛倒恐懼裡。就像怕死，難道以後就不會死嗎？一口氣不來還是照樣得死。現在告訴你什麼是生死，反而才能從這裡了生死。

「十個有五雙」，意指十個人就有十個人回答不出來。「分疏不下」，是指辯證分析也無法仔細說明，意思是當他們突然聽到思量不得的指導，無法用分析去參懂，便顯得手足無措，也就繼續不了。「巴鼻」，是指下手處。在這種不知道該怎麼辦才好、繼續不下去的時候，便是最好用功的時候。就繼續問下去，究竟它是什麼？就叫疑。只要有疑在就好，若沒有，再問：「究竟是什麼？」有疑繼續疑，不要怕它沒有，如果認為眼睛前面有一個無或空，那就錯了。

「巴鼻處」怎麼去討？要從話頭疑情上老實用功，不要管自己現在狀況為何，一邊用功一邊覺得自己沒辦法，那就越是對的辦法。如果掉在思量計較的窟宅裡，修行也用生死流轉的模式來修，哪能出窟宅？

敦立道友，靖康中在夷門相會。是時春秋鼎盛，便知有此段大事因緣。但以博極群書，於九經十七史內，入得太深，聰明太過，理路太多，定力太少，被日用應緣處牽挽將去。故於 跟下，不能得啐地折嚗地斷耳。若時時正念現前，怕生死之心不變，則日月浸久，生處自熟，熟處自生矣。且那個是熟處，聰明靈利思量計較底是。那個是生處，菩提涅槃真如佛性。絕思惟分別，摶量卜度不到，無你用心安排底是。驀然時節到來，或於古人入道因緣上，或因看經教時，或於日用應緣，若善若不善，若身心散亂，若逆順境界現前，若暫得心意識寧靜時，忽地踏飜關棙子，不是差事。

「道友」就是同參者，「靖康中」是指比當時還要早一點的年代。靖康這一段歷史是北宋，但當時已是南宋，意思是在靖康時期，我們在夷門就曾見過面，當時正值壯年，便知道生命裡有一件生死大事得要努力明白，這件大事就是——了解自己和佛一樣無二無別、眾生皆具有如來智慧德相。但因為本身實修力量太少，因此就會被日常生活中的種種境界牽挽而去，就不能做到腳踏實地，也不能頓斷自己的生死妄念。

啐一聲是指虛空粉碎、大地沉淪，這裡的「啐地折嚗」，就是指突然之間頓斷頓空，顯現出心性來。但不要以為真有這個聲，佛講經「大地震動」，不是真的大地震動，而是形容眾生聽到這樣的法，把像大地一樣堅固的舊有觀念，頓時粉碎而感覺震動。禪宗形容「虛空粉碎，大地平沉」也是一樣，都是形容詞，「啐地折嚗」是心識頓斷的感覺，不要把它當做實有，心想什麼時候會聽到這個聲音？那就不對。

我常說：「方法不要掉，心不要四處攀緣」，就是這句「時時正念現前」，方法不要掉，不要離自己的清淨心去觀察種種一切。「怕生死之心不變」，就像我們做晚課時「是日已過，命亦隨減，如少水魚，斯有何樂？」，不要再懈怠、渾噩度日，萬一一口氣不來時，該怎麼辦？這就是學道最大的動力。

正念現前像這樣地「日月浸久」，指經過一段時間的努力，久了就會「生處自熟，熟處自生」，什麼意思呢？我們本來都是顛倒的認知，很熟這些五欲塵勞，修行以後要當做冤家一樣遠離它，這叫「熟處變生」。我們沒有體驗到生命原有的清淨圓滿，是很陌生、不熟悉的，經過修行把它變成跟自己的生命是一體的，便是「生處變熟」。

「熟」就是最熟悉的，根本不必想就會和它黏在一起的，就是我們所有的分別。「聰明靈利思量計較」的就是熟處。那個會取捨、會分別的就是聰明靈利思量計較，這都叫做熟處。何謂「生處」？就是菩提涅槃、真如佛性，是我們的思惟分別都「摶量卜度不到」的。菩提涅槃、真如佛性，是絕思惟、絕分別的。「熟處」的東西是緣起，是因緣和合的東西，如果觀察知道它當下是空寂，那個熟就變成不熟、不去攀緣。「生處」的也只是緣起的空慧，沒有形象、沒有語言、沒有文字，但不是斷滅、不是虛無。

突然間「時節到來」，就是相應到了，指真心見到一切諸法實相時；「驀然時節」，是指當自己頓時放下原有的一切妄想分別時，就能真正相應。不管在日常生活處理事情上，或善與不善的境界、或身心散亂、或順逆境界現前，抑或是心意識暫時寧靜時，忽然踏破了一直過不去的關鍵處，或是踢破了自己原有的錯誤妄想，就能見到實相。宗杲在此處告訴我們，參禪沒有限定狀況或機緣，時時刻刻都應該輕鬆自在地這樣參下去。

昔李文和都尉，參石門慈照聰禪師，悟臨濟宗旨。有一偈曰：「學道須是鐵漢，著手心頭便判。直取無上菩提，一切是非莫管。」妙哉斯言！可以為光明種子，發機之助也。

以前有位「李文和都尉」，是皇帝的女婿，這位富貴中人對參禪很用心，跟隨石門慈照聰禪師[20]學習，後來終於開悟。悟道當下說一偈：「學道須是鐵漢，著手心頭便判；直取無上菩提，一切是非莫管。」修行人須是鐵漢大丈夫，不要對生命處處住著，若貪戀計較或不捨生命就修不好。修行上手後不要去思索境界，當下知道本來如是，就跟無上菩提相應，一切對錯是非皆不用理會。「妙哉斯言！可以為光明種子，發機之助也。」表示李文和這句話講得好啊！可以做為每個人心中的光明種子，可以開發如佛一樣的妙因。「發機」是指開發見到生命實相最好的機緣。

又云：「佛是眾生藥，眾生病除，藥亦無用。」或病去藥存，入佛境界，而不能入魔境界，其病與眾生未除之病等。病瘥藥除，佛魔俱掃，始於此大事因緣，有少分相應耳。佛是眾生界中了事漢，眾生是佛界中不了事漢。欲得一如，但佛與眾

20 蘊聰（965～1032），宋代臨濟宗僧，又名石門聰、石門慈照、慈照聰、谷隱蘊聰、慈照禪師等。廣東南海人，俗姓張，出家後，參禮百丈道常，繼之參禮首山省念，大悟。後住襄州石門山，與谷隱山太平興國禪寺，兩山徒眾多達千人，謚號「慈照禪師」，著有語錄《石門山慈照禪師鳳巖集》一卷。

生一時放下，則無了無不了。古德云：「但於事上通無事，見色聞聲不用聾。」

又云：「佛是眾生藥，眾生病除，藥亦無用。」或病去藥存，入佛境界，而不能入魔境界，其病與眾生未除之病等。

佛是眾生的藥，眾生有病才要用藥；沒病或病好，便不需要藥了。眾生只是還在迷，佛用很多方便法來教導，一旦我們開啟自己的佛性就治好病了，藥就無用。如何是佛法？如何是眾生病？要明白之後才能如實修行。大多數人都取相、執著在有法的藥，因為把法跟藥都當作實有，變成要以身心或發願來斷除，修行便落在能所對待裡。縱然達到身心安定、對境不起心，仍落在無心的空亡現象，仍不能見實相。

宗杲用佛魔相對來說明：若執取法是能讓我們成佛入聖的境界，不能進入魔的境界，像這樣執取的問題跟其他眾生執取的問題一樣。意即，若執著在有聖解、聖果，就永遠掉在一邊，跟眾生沒有除掉的病一樣，但是諸法要離二邊才叫中道的實相。

病瘥藥除，佛魔俱掃，始於此大事因緣，有少分相應耳。

要用佛法去處理自己的生死煩惱，就像現在還在迷時，要藉種種方便盡除凡夫的意識；可是同樣的，我們也知道這只不過是個方便。縱然達到開悟，也不能說我有個悟可得、有個聖人境界可達，若是這樣則未真悟。剎那的妄想執著丟下而頓空時，「無」的實相就會呈現在眼前，不需要有語言文字，當你知道時就知道。

> 佛是眾生界中了事漢，眾生是佛界中不了事漢。欲得一如，但佛與眾生一時放下，則無了無不了。古德云：「但於事上通無事，見色聞聲不用聾。」

佛是覺悟的眾生，眾生則是未成的佛，所以「眾生是佛界中不了事漢」。「不了事」就是還沒辦好生死大事的人。如果想到達「一如」，就是平等無二的境界，只要把佛與眾生的觀念放下，就沒有落在了與不了二邊的執著。若都放下了，就像古代大德龍牙禪師[21]所說，不管有多少事要辦，心中都不受影響、不掛著事，也不需要瞎眼或耳聾才能不被色聲所影響。

若用原來的認知錯解佛法，見到的只不過是染淨對待二相的安定而已，意思就是使我們在染中短暫得到淨的安定，或從動中脫離暫時得到寧靜罷了，不可能破除根本的迷

21 龍牙居遁禪師（835～923年）是唐代著名高僧，也是著名的詩僧。原偈為：「學道無須有悟由，還如曾鬥快龍舟。雖然舊閣閒田地，一度贏來方始休。君若隨緣得似風，吹沙走石不勞功。但於事上通無事，見色聞聲不用聾。」

惑，仍會一直輪迴，只要離定就會變回原樣。如此一來會指責自己，二來對修行的信心會受打擊，三來會覺得修行無用論，覺得怎麼努力都只是一時的，無法究竟解脫。

我也經歷過這樣的過程，那時身心的挫折打擊會經常湧起，當信心漸漸喪失時，還好有煮雲老和尚的精進禪七。經過超越生命極限的禪七，使自己在身心上抖落一些煩惱罪惡，恢復一些力量。之後跟隨煮雲老和尚，才知道一切皆有自己的因緣。後來在師父的禪法教導下，才能見到自心本性是什麼，才知以前努力的錯誤在哪裡，才能遠離執著在自己的小我，不論是哀怨情仇或身心的兇猛態度才頓時消融。

病跟藥的差別在於我們一念是否能認知跟體悟，你體悟後就老實去用功。不是不需用功，而是漸次當下就是圓頓，圓頓當下要有漸次的力行。圓頓一切諸法本自空寂，就是在說「三漸次」。身心在任何時刻的因緣相都要觀照清楚，就是智慧的用。不管是用大乘了義教或祖師禪去修，只要能用上手就進步很快，步步流入薩婆若大海，一登地的當下就是圓覺地。因你知道一切諸法本自空寂、如如、圓滿，只是目前的因緣讓你尚不能熟用，並不是有所欠缺。為什麼祖師大德多不講經教，也不多言？因為每句言語，都流露出心中所犯的錯失呀！

是人知得世間有為虛妄不實底道理，及至對境遇緣，驀地撞在面前，不隨他去，則被伊穿卻鼻孔定也。蓋無始時來，熟處太熟，生處太生。雖暫識得破，終是道力不能勝他業力。且那箇是業力？熟處是。那箇是道力？生處是。然道力業力，本無定度，但看日用現行處，只有一箇昧與不昧耳。昧卻道力，則被業力勝卻；業力勝，則觸途成滯；觸途成滯，則處處染著；處處染著，則以苦為樂。

看了很多教法，了知世間法皆如夢幻泡影，沒有真實究竟的存在，但當自己對境遇緣時，驀地就撞在面前，逃也逃不了，就算不想隨他去，卻不得不隨著境界轉，就像牛被穿了鼻，去哪都不自主。這是因為無始以來的習氣太重，這就是「熟處太熟」。「生處太生」，雖然暫時知道「如夢幻泡影，如露亦如電」，但是不夠相應，終究道力不勝業力，仍被業力帶著團團轉。因此，開悟的人如果沒有繼續用功，他的悟照樣會變成一片黑暗，只是不再顛倒而已。世間人不知道諸法的實相，常常在事上起顛倒。

禪宗說的「悟後起修」是非常重要，絕對不能離開生活或人事物，要去落實自己所證悟的智慧；悟後起修，就是把正知見具足。現在不悟，也要正知見具足，如果能在生活上如實思惟、如實地過日子，那當下也是與悟後者所修的行徑，沒有什麼差別。

什麼叫做業力？常常執著在自己的貪念、分別、計較裡面，都叫熟處，都是業力，產生障礙我們的力量。「道力」就是在佛法的智慧上及定慧力上能夠持續前進，直到成就的力量。道力當然可以抵過業力，否則怎麼度一切苦厄？

「然道力業力，本無定度」，宗杲說道力和業力沒有一定的差別不同。一念覺當下就是佛，一念不覺當下就是眾生；道力和業力亦同，若有智慧，業力會變成逆增上緣，反而可以成就我們的修行。「但看日用現行處」，就是在平常的生活中；「昧」是不清楚、暗的。在日常生活中，就是清楚與不清楚，即覺與不覺之別。

道力變暗，染污原來智慧覺醒之心，那麼業力就勝過道力。業力勝過道力時，「則觸途成滯」；「觸途」就是眼耳鼻舌身意所碰到的一切，「成滯」都成為障礙。因「觸途成滯」，則處處染著，便停留住著在境界裡以苦為樂，這是真正可悲之處。

故釋迦老子謂滿慈子曰：「汝以色空相傾相奪於如來藏，而如來藏隨為色空，周徧法界。是故於中風動空澄，日明雲暗，眾生迷悶，背覺合塵，故發塵勞有世間相。」這箇是昧道力，而被業力勝者。釋迦老子又曰：「我以妙明不滅不生合如來藏，而如來藏唯妙覺明，圓照法界，是故於中，一為無量，無量為一。小中現大，大中現小。不動道場遍十方界，身含十方無盡虛空。」於一毛端現寶王剎，坐微塵裏轉大法輪，這箇是現行處不昧道力而勝業力者，然兩處皆歸虛妄，若捨業力而執著道力，則我說是人不會諸佛方便隨宜說法。何以故？不見釋迦老子曰：「若取法相，即著我人眾生壽者。若取非法相，即著我人眾生壽者。是故不應取法，不應取非法。」前所云道力、業力本無定度是也。

故釋迦老子謂滿慈子曰：「汝以色空相傾相奪於如來藏，而如來藏隨為色空，周徧法界。是故於中風動空澄，日明雲暗，眾生迷悶，背覺合塵，故發塵勞有世間相。」這箇是昧道力，而被業力勝者。

這裡引用《楞嚴經》的話，「滿慈子」就是富樓那尊者。佛陀對滿慈子說：「大家都以色空相傾相奪如來藏，但如來藏是不生不滅、本來清淨圓滿的。」如來的智慧德相，藏而不能顯出，故稱如來藏。如來藏是指眾生心性本自具足的德相，但眾生無法清楚地受用它，就好像藏在寶庫裡面。「相傾相奪」就是在各種互相對立的二邊拔河，互相障礙。

「如來藏隨為色空，周徧法界」意指如來藏不會因為色空改變，就起種種的變化。

如同天空不會去排斥雲雨等種種現象，縱然狂風暴雨，對天空來說無有差別，天空依然是不動寂然。如來藏隨色空，仍然可以周徧法界，於是有風動、虛空的澄清，還有日明雲暗，乃至眾生迷悶，背離了自己的覺性而掉落到種種染污裡，引發塵勞的世間相，隨業力所牽引。這個就是「昧道力，而被業力勝者」，把原來具足的智慧德相之道力遮蓋住了，因此被業力帶著跑。

釋迦老子又曰：「我以妙明不滅不生合如來藏，而如來藏唯妙覺明，圓照法界，是故於中，一為無量，無量為一。小中現大，大中現小。不動道場遍十方界，身含十方無盡虛空。於一毛端現寶王剎，坐微塵裏轉大法輪。」

這一段也是《楞嚴經》原文，就是佛陀自言已經證得正覺。我們的如來藏具足「唯妙覺明」，表示我們具足如來的智慧、像如來的種種德及種種妙相，可以圓滿地普照一切法界，沒有一法不明、不清楚，此則名為「圓照法界」。

既然如此，因此在如來藏中，一能成為無量，無量也能成為一，因為從理上來說，三千大千世界是緣起空，一毛髮也是緣起空，從理上來看是平等的。既然以空入空，則無小空大空之分，都叫做空，所以大空小空都沒有邊際。再從相上來講，三千大千世界之相好大，但剛才說過，這個相也是因緣和合，於一因緣和合中暫時呈現出來的相，一毛塵也是因緣和合所呈現出來的相。從因緣和合方面思維，是不欠缺；從相上、性上來說，亦是平等一如，但是並非抹煞相有大小的差別。因此，一就有無量，無量就有一；小中現大，大中現小。

「毛端」，指毛前面的端，是不是更小？微塵也是很小，卻都夠在毛端中現「寶王剎」。「剎」就是國土，華嚴境界國土竟然在一毛端上就能現，這就是小中現大，也可以在微塵裡轉大法輪。這些是在禪定裡見到的實際體驗。

這箇是現行處不昧道力而勝業力者，然兩處皆歸虛妄，若捨業力而執著道力，則我說是人不會諸佛方便隨宜說法。

上段說明「坐微塵裡轉大法輪」，這就是在現行處的當下不昧於道力，所以才能勝業力，看起來是道力勝過業力比較好。但是業力或道力，不論何者勝，不管獲得的是淨相或染相，都叫做虛妄，所以不要認為有真正的對或錯，一旦掉在二邊去用功，永遠都是在對立當中取捨，這便著相了。不知道凡所有相皆是虛妄，然後掉在好壞取捨上面，都叫做錯誤的修行。

「若捨業力而執著道力，則我說是人不會諸佛方便隨宜說法」，如果是捨棄業力而執著於道力，這種人是不會真正理解佛的教法。佛沒有實法予人，往往都是隨著眾生的執著來破除，故沒有一個法可以給眾生。所以佛講經說法就是方便隨宜，隨著眾生的根器，給予不同的善巧來指導他。

> 何以故？不見釋迦老子曰：「若取法相，即著我人眾生壽者。若取非法相，即著我人眾生壽者。是故不應取法，不應取非法。」前所云道力業力本無定度是也。

此段又舉《金剛經》的說法。接著說：不要以為道力很高就叫做很好，只要取相、有所著相，去分道力強或是業力大，這都不對。《金剛經》告訴我們，若著在有一相可得，則所有的相就跟著來；所有的相沒有除掉，所有的妄相也就跟著來。一相、一念不生，所有的相也就跟著不生。一旦起了種種相，心就已先被染污；再來批別人，又變成染上加染，一切都沒有相應到真實的法。

《金剛經》提到取法相也是著我、人、眾生、壽者，取非法相當然更是著我、人、眾生、壽者。所以一旦落在相上，不管是淨染、好壞、是非等都是落在對待裡。常常告訴大家修行不可以離開現前這一心，現前這一心就是要與清淨心相應，又叫做「稱性而修」。

若有智慧丈夫兒，借道力為器仗，攘除業力。業力既除，道亦虛妄。所以道，但以假名字，引導於眾生。未識得破時，千難萬難；識得破後，有甚難易？龐居士曰：「凡夫志量狹，妄說有難易。離相如虛空，盡契諸佛智。戒相亦如空，迷人自作持，病根不肯拔，只自弄花枝。」要識病根麼，不是別物，只是個執難執易妄生取捨者。遮個病根拔不盡，生死海裏浮沉，直是無出頭時。

若有智慧丈夫兒，借道力為器仗，攘除業力。業力既除，道亦虛妄。所以道，但以假名字，引導於眾生。未識得破時，千難萬難；識得破後，有甚難易？

當我們做一個有智慧的大丈夫時，並非就不需要道力，是要藉它來做器仗。就如同當我們具有好好走路的能力時，便能拋開拐杖。道力是讓我們在生處變熟、熟處要轉生，這就是道力的增進，但不要把它當做實有，它只是拿來對治我們現前的問題罷了。

常常有些人修行稍微好一點，標準就高一點，於是就有些憤世嫉俗，看不慣別人的作為，總覺得這個不對、那個也不對，這樣就錯了。自己縱然修得再好，也要和光同塵，不要讓別人覺得你自己是偉大的，但在適當的時間裡可以給眾生一些幫助。佛法就是用種種的方便、種種的假名來導引眾生。沒看破時，要除一個心裡的賊，是多麼不容易啊！不著相、心沒有任何貪求、如實地面對，就叫真正的修行。

未識得時，真的是千難萬難；識得破後，破了自己的執著、破自己的種種分別貪念後，哪有什麼難易可說？一切本如是，一切本自然，佛法就是自然，如同現在呼吸一樣自然。

龐居士曰：「凡夫志量狹，妄說有難易。離相如虛空，盡契諸佛智。戒相亦如空，迷人自作持，病根不肯拔，只自弄花枝。」要識病根麼，不是別物，只是個執難執易妄生取捨者。遮個病根拔不盡，生死海裏浮沉，直是無出頭時。

龐居士就是龐蘊[22]，是唐代一位非常出名的在家居士，全家參禪都有成就。宗杲在此引用龐居士的話，一般凡夫眾生的心志及度量都窄小，因為所見所思都是自己、眼前也只有此生，把現前的東西當做實有，把虛妄顛倒的想法認為是正確的，因此導致眾生的志量非常窄小。因為志量窄小、智慧淺短，就妄說有難跟易，錯誤認知修行是難或易。

22 龐蘊，又稱為龐居士、龐翁、襄陽龐大士，是唐代著名的在家禪者，一家人都悟性高。曾在馬祖道一、石頭希遷座下習禪，也與當代知名禪師往來頻繁，後世稱他為「中國的維摩詰」。

若把修行參禪當做要克服什麼的話，就有難易。原本就具足的東西，怎會有需要思考難易的問題呢？我們的性中本來就具足智力、能力及種種的一切，所以根本就不會有難和易。

為何現在把修行當做有難或易？會在此處起分別？因為我們認定有一個實法、認定有一個真實的我、處於一個艱難的環境，或有一個真實的我處於生死的煩惱裡；再來聽到佛法可以了生脫死，又把它當做實有；覺得不是本自具足，所以向外求、要修才有的，因此便去追逐。追逐時覺得好難，可是聽到佛法說我們本來就具足如佛一般的德性，又覺得有希望了，但個個有希望、人人沒把握，因此從這裡產生難與易。

能夠放掉對難易的分別心，離開一切的執著分別，就會像虛空那樣沒有障礙，便會了解一切諸法「盡契諸佛智」，不論染、淨、世法、出世法，乃至自身種種業染之法，亦屬於佛智、皆契合佛智。陷入自己的分別都是未悟的眾生，也就是「迷人」。迷途之人自己做分別，真正的病根不老實拔除，只肯弄弄花枝。真正的「病根」就是顛倒無知，就只是個「執難執易妄生取捨者」，就是我們常常對於一些事產生錯誤的知見，然後在其中取捨、分別高低好壞，這就是病根，這些顛倒想法與分別造就生死流轉。

以真正的智慧觀照下，知道一切諸是空寂，不執著，這叫看開；能夠真正放下心裡的或者物質的，才叫放下。

昔張拙秀才，纔被尊宿點著病源。便解道：「斷除煩惱重增病，趨向真如亦是邪。隨分世緣無罣礙，涅槃生死等空華。」要得直截，不疑佛祖，不疑生死。但常放教方寸虛豁豁地，事來則隨時撥置。如水之定，如鑑之明。好惡妍醜到來，逃一毫不得，信知無心，自然境界不可思議。

昔張拙秀才，纔被尊宿點著病源。便解道：「斷除煩惱重增病，趨向真如亦是邪。隨分世緣無罣礙，涅槃生死等空華。」

張拙秀才到一位大長老那裡跟隨參禪，很快就悟入，便吟下此偈[23]。「尊宿」是指這位尊者長老，長老點出他落在種種分別計較的病源裡，以為有個實我、實法，要去盡

---

23 張拙秀才，石霜慶諸禪師之法嗣，生平不詳。受禪月大師指點，前來參石霜禪師。石霜禪師問：「秀才何姓？」張拙秀才道：「姓張名拙。」石霜禪師道：「覓巧尚不可得，拙自何來？」張拙秀才一聽，豁然有省，乃呈偈曰：「光明寂照遍河沙，凡聖含靈共我家。一念不生全體現，六根才動被雲遮。斷除煩惱重增病，趨向真如亦是邪。隨順世緣無罣礙，涅槃生死等空花。」石霜禪師於是印可了張拙秀才，接受他成為自己的得法弟子。

除或得到，這都是病源。他悟後說，我們修行想要斷除煩惱的做法，其實只是又再加重原來的病情，追求真如也是邪法。恆順眾生、隨順一切因緣，才能沒有罣礙，涅槃生死亦等同空花。

諸法本自如如、本自清閒，可是我們連學佛、學法也會比較、裁取與分別，這種思量就是揀擇，揀擇就是病。你揀擇哪個好、哪個不好，不好的要除掉、好的要成就，便落在有個法可以取捨，就非修行。掉落著在所謂的善法、不善法、世法或非世法，同樣也是掉在二頭，這樣都是「重增病」。我們在世間種種因緣上，要隨自己的本份，無論在任何的因緣狀況下，仍不忘失自己的正知見，這才是「隨分」。

涅槃生死亦如同空華（花），以前人認為空花不可得，意思是指虛無不可得的幻影。相的生滅來去，都非究竟永恆，所以我們不要去追逐那些，但也不否定那一時的美好是沒有的。有些人學佛學得很怪，以為佛弟子不可以打扮，不能注重穿著，一定要很樸素，其實要看場合以及身份地位，做適當的裝扮才對。

要得直截，不疑佛祖，不疑生死。但常放教方寸虛豁豁地，事來則隨時撥置。如水之定，如鑑之明。好惡妍醜到來，逃一毫不得，信知無心，自然境界不可思議。

這是修行的要點，要直接了當，不要拖泥帶水，不疑佛也不疑祖師所講的話，也不疑生死。不要以為生死很可怖才要了，生死當下就是究竟的解脫，故又名不死。

「放教」就是處理，「虛豁豁地」指空，整句意思是：要常常處理我們這顆心，使心裡空空的、不存一物。雖然不存一物，但事情來則隨時撥置，這顆心知道怎麼去處理，處理時就「如水之定，如鑑之明」。「水之定」，當水不起波瀾時是很平靜的；「鑑」是鏡子，鏡子能清楚照物。即心在處理事物時，仍然要保持像水般的安定、如鏡子般的明照。「妍」就是漂亮。不論好壞，漂亮與否，這些來到眼前，沒有一毫可逃，即清清楚楚、明明白白，且善於處理，並非無所作為。

很多人修行念佛後就變得像爛好人，甚至看起來也不發脾氣，因為都擺在心裡氣。不是對所有的境界都能夠不動於心，還要進一步的處理它。人家若用語言傷害你，當時也許不必跟他爭，可是要做說明，不能就任他說、任他顛倒是非，是要用智慧去把事情攤開說明，大家心平氣和地解決才對。

佛法所說的無心並非無所作為，是放下貪執妄想、分別知見，相應到諸法的空寂後所產生的真心大用，即為無心。無心才是真心，才是真正的發心，也才是真正的大心。

要識法麼，真如、佛性、菩提、涅槃是；要識病麼，妄想、顛倒、貪嗔、邪見是。雖然如是，離妄想顛倒，無真如佛性；離貪嗔邪見，無菩提涅槃。且道：「分即是，不分即是。」若分，存一去一，其病轉深；若不分，正是顢頇佛性、儱侗真如。畢竟作麼生說個除病不除法底道理。有般漢聞恁麼說，便道：「即法是病，即病是法。但有言說，都無實義。順真如，則顛倒妄想貪嗔邪見悉皆是法；隨顛倒，則真如佛性、菩提涅槃悉皆是病。」恁麼見解，莫道我披衲衣，便是作他座主奴，也未得在。何故？須知平地上死人無數，灼然過得荊棘林者是好手。

要識法麼，真如、佛性、菩提、涅槃是。

佛法就是真如、佛性、菩提與涅槃。「真如」指一切諸法當下清淨，因為清淨，故無染污或生滅來去的相，即遠離一切是非、善惡、好壞，沒真與假。一切諸法因緣和合當下空寂；因為空寂，所以諸法性相平等如如，一真一切真，一如一切如。

何謂佛性？有情眾生的性地本來含藏如來的清淨妙德，稱為佛性。在諸法裡稱為法性，有時亦稱自性。有真正的性嗎？沒有。因緣所生法當下就沒有實際的性存在，但切勿認定即是虛無斷滅，因當它緣生時，當下就具足種種妙相千變萬化，但當下亦是空寂。

所以佛性、法性均無差別，只是對有情眾生來說是佛性，對一切無情而言名為法性。

「真如」指一切諸法真實的狀況，就是一切法平等沒任何差別，佛法、世間法，法法皆真，是在一切諸法本來究竟實相來說。「佛性」是指有智慧妙用的抉擇，比較攝入智的觀照，使有情眾生能起覺悟的功能，雖然在凡夫位歷經種種生死，可佛性仍不增不減，而真如不只有有情眾生。

「菩提」是指在薰修過程中，用如幻假的用功法，發清淨心的因，直到成就佛果，過程名為直心是道場，最後相應到真如或清淨佛性，便是證得菩提。「涅槃」指得到聖果境界後的受用，就叫常樂我淨。

要識病麼，妄想、顛倒、貪嗔、邪見是。雖然如是，離妄想顛倒，無真如佛性；離貪嗔邪見，無菩提涅槃。

要了解病嗎？妄想、顛倒、貪嗔、邪見就是。貪嗔、邪見是來自於妄想，妄想來自於顛倒。因為不知諸法當下是緣起空寂，當作實有，便起種種妄想，然後起貪、嗔、痴，這都是不知清淨諸法實相本貌。但是離妄想顛倒就沒有真如佛性，因為一切諸法當下是無二無別，妄想顛倒從妄心產生，真如佛性就是真心顯現。起顛倒時就叫妄心；放下分別，當下即是真心。貪嗔邪見、真如解脫，看起來有兩邊，但是實修時不能掉入二邊用功。雖不掉二邊，仍要認知兩者的業用果報，不可變成顢頇佛性、儱侗真如。

很多修行人認為打坐要放空，本來沒精進用功時還算正常，但為了積極放空，不吃不喝，身體雖然覺得空了一點、煩惱也空了一點，可是從禪堂回去後變成脾氣大、看什麼事都不順眼。因為貪執、心有所求，雖然還是沒達成所求，可是卻讓外魔容易趁機進入，事實上大部分都是心魔。

> 且道：「分即是，不分即是。若分，存一去一，其病轉深；若不分，正是顢頇佛性、儱侗真如。畢竟作麼生說個除病不除法底道理。」

若是這樣，還要分什麼是佛法，什麼不是佛法嗎？不需要，分或不分都是。如果要分什麼是佛法、什麼是病，便會有存一個、去一個的現象，變成存佛法，去掉那些病的「存一去一」，還是有分別妄執存在，所以「存一去一，其病轉深」。

我常說「以相易相」，以清淨相取代染污相，如果不分，病跟佛全是一樣，這叫「顢頇佛性、儱侗真如」。學佛時沒有弄清楚道理，就會誤導他人。不了解就叫「顢頇」，什麼叫真如也不知道，把一切當真如就叫「儱侗真如」。

「畢竟作麼生說個除病不除法底道理」，「生」沒意義，是語助詞，全句意指：怎麼去說哪個叫除病不除法的道理？因為病不可以要，法一定要，不然怎叫修行？若你說「存一去一」不對，也不能兩個都要，會變成顢頇、儱侗，那要怎樣才能除病而法又用得好呢？

有般漢聞恁麼說，便道：「即法是病，即病是法。但有言說，都無實義。順真如，則顛倒妄想貪嗔邪見悉皆是法；隨顛倒，則真如佛性、菩提涅槃悉皆是病。」

有聽過這麼一說：法就是病，病就是法，病法沒有二相，煩惱就是菩提，菩提就是煩惱，眾生就是佛，佛就是眾生，因生滅二相了不可得，沒有言說，就叫實義。這樣的說法是有問題的。因為，沒有言說也是掉在言說的另一面，也是一個淨相，一個染相。「有言說，都無實義」，不是究竟對，若不能直指生命實相，只有嘴巴功夫都沒意義，都不叫真實道理。

「順真如」，相應到一切諸法究竟實相，哪怕是顛倒、妄想、貪嗔、邪見，個個也叫法。妄認實有，不知本自空寂，是為顛倒。貪嗔、邪見都從顛倒、妄想而生的，若能順著真如，當下知道這些不是實有；但也不是變成斷滅，仍要知道它的業相果報。若隨著這些顛倒，真如佛性、菩提涅槃也都變成病。

恁麼見解，莫道我披衲衣，便是作他座主奴，也未得在。何故？須知平地上死人無數，灼然過得荊棘林者是好手。

這些見解，別說是像我這樣披衲衣的出家人，就連很多住持也不見得能搞得清楚。這裡的「座主奴」，意指有名而無實、沒有修證但卻是一寺之主。為什麼？要知道「平地上死人無數」，死屍一片呀！沒有困難而且很平順的修行之路是不可能的，只有能穿過荊棘林者才是實際用上佛法的人。「灼然過得荊棘林者是好手」，是指有修證的人，這些人都是從面對自己的貪、瞋、癡三毒，勇敢地從當中走出來的人。

不見古人云：「設有一法過於涅槃，吾說亦如夢幻。」苟能於夢幻中，如實而證，如實而解，如實而修，如實而行。以如實之法，能自調伏，起大悲心，作種種方便。復能調伏一切眾生，而於眾生不作調伏不調伏想，亦復不作顛倒想，不作貪嗔、邪見想，不作真如佛性、菩提涅槃想，不作除病不除法想，不作存一去一分不分想。既無如是之想，則一道清淨，平等解脫。

不見古人云：「設有一法過於涅槃，吾說亦如夢幻。」苟能於夢幻中，如實而證，如實而解，如實而修，如實而行。以如實之法，能自調伏，起大悲心，作種種方便。復能調伏一切眾生，而於眾生不作調伏不調伏想。

若有一個法比涅槃法還高妙，也如夢幻泡影，如露亦如電，仍為因緣所生法。夢幻不是斷滅虛無，而清淨固然很好，但不能讓你徹悟清淨本心是什麼。我們必須在如夢幻泡影之中去如實而證，要不離諸法實相去修，一步步相應諸法因緣生但無自性。縱然是在如夢幻中如實而證，切勿當做沒有佛果可證，不然何必修？「如實而證」是去證明「它是不可證的」，然而太多人錯解成不用證了。

不要把諸法本自空寂當作沒有東西、無煩惱可斷就不必去斷煩惱，這是錯誤見解。修行如果能做到受到打罵都不動心，自然就能調伏內心，內無我相、外無人我對立，觀一切眾生如同自己生命一樣，自然能起大悲心，並用智慧做種種方便，調伏一切眾生。用這樣的心來修叫如實修、如實解、如實行、如實證，就叫調伏自己，亦能調伏一切眾生。

亦復不作顛倒想，不作貪嗔、邪見想，不作真如佛性、菩提涅槃想，不作除病不除法想，不作存一去一分不分想。既無如是之想，則一道清淨，平等解脫。

在調伏眾生時，不要想說眾生常顛倒、具貪嗔邪見，所以要調伏他們。只要認定眾生有煩惱而要幫助他，就會對比出其他人罪業深重、自己清高；看見眾生冥頑不化，就認為可憐、感嘆他們不聽教導而無法得救，這就起了好壞高下的分別心、掉在貪嗔邪見裡，苦惱就由此而生。

「不作除病不除法想」的「不作」，是指不要著相去修，要面對問題主動處理，才叫不作。聖賢的「不作」，是連自我也不見，就剛好大道圓成。只要有任何相在都不對，所以不做「存一去二」、分或不分的想法。既然沒這些想法，「則一道清淨，平等解脫」，這時就是生佛平等、性相平等、染淨平等、煩惱菩提平等。

又云：「趙州狗子無佛性話，喜怒靜鬧處，亦須提撕。第一不得用意等悟，若用意等悟，則自謂我即今迷。執迷待悟，縱經塵劫，亦不能得悟。但舉話頭時，略抖擻精神看，是個甚麼道理。」

現在大家的話頭是「什麼是無？」或單提一個「無」字。這句話源自有位弟子問趙州禪師：「狗子有沒有佛性？」結果趙州說：「無。」因而引起很多人的疑惑，明明佛說一切眾生皆具如來智慧德相，怎麼狗子會沒有佛性？為何趙州這樣回答呢？

參話頭不是要去找答案，只是一直疑下去，因為答案本身就是無，這就是究竟的答案。無論在「喜怒靜鬧處」的任何時處都提著話頭，但我們往往一做別的事，話頭就不見了。如果你已經達到專心一意、沒有妄想地工作，那時候話頭不見了是否就是工夫不見？不是，那時候才是真正用到最純熟的地步。如果刻意要把所有念頭都丟掉而專心做，這樣的一念還是落於有所求。

不要用我們的心去等待著「我這樣修，什麼時候可以悟啊？」，不要認為自己用功疑下去，將來一定會開悟，若你用心去等待悟的來臨，當下就是迷，因為你還執迷有個悟。舉話頭時，要抖擻著精神看，就是要振作精神，不要話頭提一提就沒精神，這種態度做任何事都會沒有成效。要精神抖擻地去看它是個什麼道理？輕輕地起一個想要知道的心：「到底為什麼會這樣？佛講狗子有佛性，為什麼趙州說無？」想不通，就繼續參！

常以生不知來處，死不知去處二事，貼在鼻孔尖上。茶裏飯裏、靜處鬧處，念念孜孜。常似欠卻人百萬貫錢債，無所從出，心胷煩悶，迴避無門。求生不得，求死不得。當恁麼時，善惡路頭相次絕也。覺得如此時，正好著力，只就這裏，看個話頭。僧問趙州：「狗子還有佛性也無？」州云：「無。」看時不用摶量，不用註

解，不用要得分曉，不用向開口處承當，不用向舉起處作道理，不用墮在空寂處，不用將心等悟，不用向宗師說處領略，不用掉在無事甲裏。但行住坐臥，時時提撕。狗子還有佛性也無？無。提撕得熟，口議心思不及，方寸裏七上八下，如皷生鐵橛，沒滋味時，切莫退志。得如此時，卻是箇好底消息。

常以生不知來處，死不知去處二事，貼在鼻孔尖上。茶裏飯裏，靜處鬧處，念念孜孜。

如果有把生死放在心裡，應該會著急：當一口氣不來時該如何是好？若如此，原來每天追逐的財色名食睡，相比之下都不重要了。

參話頭時，一般還是會掉在眾相跟分別心裡。要記得，不管什麼境界跟體驗都叫妄想，不用去理會就好，之後一直疑下去，不要用自己的想法去取答案，答案都在眼前，但不悟時則任何答案都不是答案。

並非只有生命的來去叫生死，每日的五蘊塵勞巡迴不斷也都叫生死。一定要把「生死」二字掛在心頭，時時去問去參：「究竟它是什麼？為什麼到現在我還不知道？明明不離我，當下就是，為什麼就是不知道？」

> 常似欠卻人百萬貫錢債，無所從出，心胷煩悶，迴避無門。求生不得，求死不得。當恁麼時，善惡路頭相次絕也。覺得如此時，正好著力。

這句話比喻就像欠人家大筆錢還不了，心裡很緊張害怕，而因為一直處在被逼迫的壓力，所以心胸煩悶、不知該該往哪逃。「胷」是胸的古字。我們要隨時把生死大事視為被逼迫、悶得難受的壓力，提醒自己無處可逃。

參話頭時不要想太多，就是不曉得生命的實相到底是什麼，因為不曉得就一直疑，疑到最後答案出來時，都會明白一切。

> 只就這裏，看個話頭。僧問趙州：「狗子還有佛性也無？」州云：「無。」

在這時候就只是看個話頭，「無」一直參下去，就是要我們參不出來，因為能參的出來就是從心識出來的東西。參這個無，並不是要去想：「如果無，要參什麼？」，是要打死你所有分別的妄心。「無」能讓我們的心計窮、變不出花樣，只好死心塌地現出原形。這句「無」沒有任何意思，也沒有答案，只管一直疑下去，不管任何時間都能帶著參。

> 看時不用摶量，不用註解，不用要得分曉，不用向開口處承當。

參話頭時不要搏量、不要思量，在你不追求時，恰恰才是答案。你只要有一念認知：「我已找到、我已明白」，除非真正是，否則都屬於心意識所顯出的身心相而已。「不用要得分曉」，就是別想搞明白，也別往話頭開始處找答案。

不用向舉起處作道理，不用墮在空寂處。

不要去考量「什麼是無」，不要想「狗子無佛性」，那我有沒有佛性？或是思考《心經》裡說「無眼耳鼻舌身意，無色聲香味觸法」、「色即是空，空即是色」，這些都是道理。只要悟了，每個東西都是答案。「不用墮在空寂處」，很多人都躲在空寂處覺得很安逸、五根好像都不起作用了，禪宗叫它「黑山鬼窟」。

不用將心等悟，不用向宗師說處領略，不用掉在無事甲裏。

「將」是拿的意思，你就想有個悟，有個明心見性、想等開悟，心是什麼東西卻不曉得，所以不要想拿心去找悟。

只要老實用功，用功到熟處轉生、生處轉熟，那個境界就會出來，就算是變成呆瓜（意指在疑團中）也一定會有這過程。語錄裡常記載，一進去疑團便不知天地、不知身在何處，也不知吃飯有沒嚼到米、睡覺也不知有沒枕到枕頭。這是身心成片的現象（但不是呆），就是心法一如、分不出心跟法，才是用上手，否則疑就會常掉。任何方法用到十分精進時常會有這些現象。

「宗師說處」，是指語錄裡的大德怎麼講，你就說對。真體驗到實相，不論大德的說法再怎麼相抵觸無理，都能明白。「不用向宗師說處領略」，就是要我們不要掉在語言上，祖師的大方便就是要把我們的「我」打死了，我們才真的活過來。

「不用掉在無事甲裏」，「甲」是指龜甲，意思是躲在一個堅硬的厚殼裡，好像很安全、空閒無事，但是這沒有用，因為沒有開展智慧德相，只要一下座回到生活中，什麼境界全都會來。

但行住坐臥，時時提撕。狗子還有佛性也無？無。提撕得熟，口議心思不及，方寸裏七上八下，如齩生鐵橛，沒滋味時，切莫退志。得如此時，卻是箇好底消息。

日常生活行住坐臥裡時時把「無」提起，變成很熟。無，不是嘴說或心想的，因為還不知道到底它是什麼？為什麼這樣？這叫「七上八下」。「齩（咬）生鐵橛」，「橛」就是一個鐵做的片子，咬不下去。所以「沒滋味時，切莫退志」，即使參到煩、一點意思都沒有，也千萬不要放棄，到了這種時候反而是好消息。一切諸法都無，哪有東西讓我煩？沒有，那到底是什麼？無！又無下去，就疑下去。

不見古德有言：「佛說一切法，為度一切心；我無一切心，何用一切法。」非但祖師門下如是，佛說一大藏教，盡是這般道理。

佛講經說法是為眾生的心，是為了度我們的心，心如果修到無心，也就不需要法。這句話很簡單，有病吃藥，病好就不要再吃。這裡指出祖師禪法和佛說的教法，都是同樣的道理。

一心一意，向自己　跟下理會。生從何處來，死向何處去；既不知來處，又不知去處。現今歷歷孤明，與人分是非別好醜底，決定是有是無，是真實是虛妄，直待到如人飲水，冷煖自知，不向他人口頭受處分。忽然噴地一發，到究竟安樂大休大歇處，方始自肯。

全心全意向自己腳跟下去理解，去參：「生不是從媽媽的肚子來，死也不是向棺木去，那到底是什麼？」生從哪來不曉得，死到哪去也不知，「歷歷」是清清楚楚，意思是現在可以清楚明白，也知道跟別人分別是非好醜的這人到底是誰？他到底是有是無？真實或虛妄？你說真實，那應該永遠存在；說虛妄，怎現前又有這個人在？不知道為什麼就要用功，悟的人絕對知道生從何處來、死到哪裡去。

到最後明白時就「如人飲水，冷煖自知」，不需要讓別人告訴你是什麼。用功到那地步時，突然像東西破了，「到究竟安樂大休大歇處」，就知道為什麼叫不假造作，本自如如，但並不是不用再努力，這時的努力叫「無功用行」，不是只停留在不動。到究竟明白時，不必求人家口頭告訴你是什麼，頂多只是去找善知識驗證。

僧問趙州：「狗子還有佛性也無？」州云：「無。」此一字，便是個破生死疑心底刀子也。這刀子　柄，只在當人手中，教別人下手不得，須是自家下手始得。若捨得性命，方肯自下手；若捨性命不得，且只管在疑不破處崖將去，驀然自肯捨命一下便了。那時方信靜時便是鬧時底，鬧時便是靜時底，語時便是默時底，默時便是語時底。不著問人，亦自然不受邪師胡說亂道也。又云：「日用二六時中，不得執生死佛道是有，不得撥生死佛道歸無，但只看個狗子還有佛性也無。」趙州云：「無！」

「無」字是把能破生死疑心的刀子，但是只有自己下的了手，要捨得性命、不憐惜自己。如果捨命不得，只要在疑沒破的地方崖將去，「崖將去」就是跟它纏鬥、比勝負。

「驀然」就是突然之間，放下身心所有執著的時候，真實的生命就呈現了，剎那間就活過來。生死輪迴的妄想心、分別心，也就是第六意識的攀緣心，這個心很難斷，只有藉著下最毒、最猛的藥，以妄治妄對治它。

只要妄心、識心，頓時放下的時候，原有的清淨妙心顯現出來，才相信有語默動靜的妙用，就知道諸法是不生不滅、真正圓滿究竟、本自清淨、本自如如的，既不用等別人告訴你，也不會再被胡說八道的人影響。

二六是十二，共十二個時辰。也就是不管白天黑夜都不能執著生死以及佛道是「有」，所以一開始當然要知道生死可怖。可是用功到最後的時候，就沒有這個身心相了，也不得說生死、佛道歸「無」，「撥」就是「置」的意思，就是不可以把生死佛道放置在一邊，說它沒有，這樣變成虛無或斷滅。

莫於古人言句上，只管如疊塔子相似，一層了又一層，枉用工夫，無有了期。但只存心於一處，無有不到底。時節因緣到來，自然築著磕著，噴地省去耳。不起一念還有過也無，云須彌山。一物不將來時如何？放下著，這裏疑不破，只在這裏參，更不必自生枝葉也。

莫於古人言句上，只管如疊塔子相似，一層了又一層，枉用工夫，無有了期。但只存心於一處，無有不到底。時節因緣到來，自然築著磕著，噴地省去耳。

不要拘泥在古人的言句上做研究，這就好像疊塔，一層一層疊上去，參話頭不需要這樣。因為參話頭不是做學問，學問是積聚的，話頭則是你生命本來就具足的實相。所以，如果你當做疊塔子就是「枉用功夫」，而且「無有了期」。

只要真正專心在一個地方，最後一定都會悟，只等著全部的因緣都已經具足，功夫也剛好用到無心可用，恰恰好差臨門一腳的時候，這個因緣可能是看到落花、看到流水、聽到人家吵架的聲音，什麼都可以。「築著磕著」就是碰到的意思，噴地一下子就打破了自己原來的黑漆桶。「省去耳」就是所有的功夫都不必做了。

不起一念還有過也無，云須彌山。

這底下又有人問，如果不起一念的時候，是有過錯還是沒有呢？無念不是一念都不起，一念都不起是死人、石頭。沒有落在分別、對待、染淨、是非、好壞才叫無念。一念不起時，還有沒有過？過大了！彌天蓋地如須彌山的大。

一物不將來時如何？放下著，這裏疑不破，只在這裏參，更不必自生枝葉也。

有人問，一物都不帶的時候怎麼辦？「將」就是拿來，「一物不將來」就是全部都捨掉、空掉了。一物都沒有的時候，還要他放下，因為還心存什麼東西都沒有了，還要繼續放下。前面已說了這麼多，就在這裡疑破就成了。心沒有落在身心執著上面，才是究竟的放下。不要「自生枝葉」，不要去想別的。就去參：「為什麼還要放？到底放什麼？身心放完了起後，空掉又是什麼？」

既辦此心，第一不要急，急則轉遲矣。又不得緩，緩則怠惰矣。如調琴之法，緊緩要得中，方成曲調。但向日用應緣處，時時覷捕。我遮能與人決斷是非曲直底，承誰恩力？畢竟從甚麼處流出。覷捕來覷捕去，平昔生處路頭自熟，生處既熟，則熟處却生矣。那個是熟處？五陰、六入、十二處、十八界、二十五有，無明業識思量計較心識。晝夜熠熠，如野馬無暫停息底。是這一落索，使得人流浪生死，使得人做不好事。這一落索既生，則菩提涅槃、真如佛性，便現前矣！當現前時，亦無現前之量。故古德契證得了便解道：「應眼時若千日，萬象不能逃影質；應耳時若幽谷，大小音聲無不足。」如此等事，不假他求，不借他力，自然向應緣處，活鱍鱍地。未得如此，且將思量世間塵勞底心，回在思量不及處，試思量看。

既辦此心，第一不要急，急則轉遲矣。又不得緩，緩則怠惰矣。如調琴之法，緊緩要得中，方成曲調。

修行這條路叫「辦此心」，要從心地下工夫（指參禪）。第一不要急，用急的心找心，就已經有個強烈的我心放不下，一急就落在得失成敗便更難悟了，所以叫「轉遲」。也不能緩慢，緩則怠惰不肯用功，以為在這磨泡久了就會了。修行首先要想：就算死在道場也沒關係，總比死在最後一口氣業障來臨時好。能死在修行上就讓他死，不要害怕，修行就容易得利。

修行要像調琴之法，緊緩得宜才能彈出曲調。不要聽到這段就說：「那我放鬆一下好了！」那些緊到晚上都不睡、修到吐血，才叫緊！因為參話頭參到一直往上面提，不曉得起疑情，而只是在追。我最初也這樣，怕話頭掉，一直「什麼是無」，覺得腦袋都要爆了，好像胸腔裡的心臟要蹦出來，胸悶到常有頭暈噁吐的感覺，還好只是這樣而已。古人為了悟道，幾個月不眠不休，從沒放下，吐血生病經常有，那才叫緊。

但向日用應緣處，時時覷捕。我遮能與人決斷是非曲直底，承誰恩力？畢竟從甚麼處流出。

這句話綜合的意思是：當處理人事物的時候，要時時認真自我觀照，也就是要掌握住自己的身心，才能和別人做是非對錯的判斷；而這個能夠判斷的能力就是從自我的真心、清淨心流出的。

「應緣處」，是指對人事物的處理，要時時觀照：「什麼是無？我是誰？拖著死屍是誰？」。「覷」是指認真的看，「捕」是指掌握住它，不要一下子就掉了。「遮」是指這，不是遮蓋的意思。「底」是「的」的意思。我這能夠與人做對錯、曲直的判斷，是承繼什麼東西的恩德力量？

能夠事得理融，所有事情就可以做判斷是非曲直；如果掉在事而沒有理，就叫生滅心。

覷捕來覷捕去，平昔生處路頭自熟，生處既熟，則熟處却生矣。那個是熟處？五陰、六入、十二處、十八界、二十五有，無明業識思量計較心識。

「生處路頭」是指參話頭這件事，本來很陌生的，以前都不會，現在叫你「覷捕來覷捕去」，不要讓它掉，就能掌握得住，這就叫熟。生處既熟，熟處就變生了，生處的話頭參熟了，自然五欲塵勞的事就不會再起來。

熟處是指：五陰（五蘊）、六入、十二處、十八界、二十五有[24]，這些都是佛教名相。「無明業識思量計較心識」，「無明」是指沒有智慧而產生的顛倒，妄認四大五蘊為生命實有，這就是第一個顛倒無明。第二個無明是不知眾生無始以來都有清淨的心，不知四大五蘊乃至山河大地，全是從妙明真心流露出來的，因此只要不錯認四大五蘊為實有，就能解脫。或是知道一切都是妙明真心、諸法如如、本自空寂，這樣就是解脫。

無明一活動就會產生識、分別，認為四大五蘊實有，就會起種種貪愛，妄認有個實有的身體就叫識。由於無明跟自己的妄識產生顛倒錯誤，這樣的心使我們在三界六道生死流轉，如果能一念放下分別，當下清淨心即顯現。

24
(1)五陰（五蘊）：色蘊、受蘊、想蘊、行蘊、識蘊。
(2)六入（六根）：眼根、耳根、鼻根、舌根、身根、意根。
(3)十二處：眼根、耳根、鼻根、舌根、身根、意根等六根，對應出色塵、身塵、香塵、味塵、觸塵、法塵等六塵。
(4)十八界：六根、六塵、六識（眼識、耳識、鼻識、舌識、身識、意識）。
(5)二十五有：三界指的是欲界、色界、無色界，「二十五有」是在三界之中，有二十五種類別的眾生，各有種種形象。

晝夜熠熠，如野馬無暫停息底。是這一落索，使得人流浪生死，使得人做不好事。這一落索既生，則菩提涅槃、真如佛性，便現前矣！

「熠熠」指明亮。就像野馬無暫停息，像猴子般一直動。「落索」是指囉嗦，囉嗦就是對一件事情不清楚。你掉在心識的種種分別裡，像野馬一樣無法停息，才使得人在生死裡頭流浪、成就不了大事，這裡的大事指修行這件事。

原來囉嗦的事情你把它變不熟悉了，自己遠離了生死流轉的繩索，丟開那些是非分辨的心，菩提佛性就現前。

當現前時，亦無現前之量。故古德契證得了，便解道：「應眼時若千日，萬象不能逃影質；應耳時若幽谷，大小音聲無不足。」

當話頭用功到好像濃得化不開，針也插不入、水也潑不進，這叫疑團。疑團破也不是真的有什麼破掉，也不要認為真的大地沉淪、虛空粉碎，不要心存有所謂的現前之量，沒有形象的東西不能去搏量它。

當古代大德明心見性（契證）之後，「便解道」，便能夠這麼說：「有慧眼（應眼）時，所有的法（萬象）就逃不出它實際的樣子，就像耳朵聽到在山谷裡的聲音（都有回音），不管大小聲都具足了。」意思是只聽這一聲，就千聲萬聲都俱來了。

如此等事，不假他求，不借他力，自然向應緣處，活鱍鱍地。未得如此，且將思量世間塵勞底心，回在思量不及處，試思量看。

只要你證悟到那地步，就不必靠他力，自然向有因緣的方向去。「活鱍鱍（活潑潑）」是指一點障礙都沒有、很自在。如果還未做到如此，就將思量塵勞五欲的心，迴光反照在不能思量的地方，試試看思量與不能思量是怎麼一回事？這其實就是在用話頭，要問但卻不能思量，想要知道但卻不能想。

又云：近日叢林，以古人奇言妙語問答，為差別因緣狐媚學者。殊不本其實，諸佛說法唯恐人不會，縱有隱覆之說，則旁引譬喻，令眾生悟入而已。如僧問馬祖：「如何是佛？」祖曰：「即心是佛。」於此悟入，又有何差別；於此不悟，即此即心是佛，便是差別因緣。

又云：近日叢林，以古人奇言妙語問答，為差別因緣狐媚學者。

大慧宗杲禪師的年代，他認為最近的叢林裡，老是在依古人的奇言妙語做為問答，沒有真正的體悟，因此形成弊端。

例如問「什麼是佛？」「狗屎是佛。」像這些看似答非所問，令人覺得很奇特，便用奇言妙語狐媚迷惑學佛者，以此彰顯教法特別。

殊不本其實，諸佛說法，唯恐人不會，縱有隱覆之說，則旁引譬喻，令眾生悟入而已。

佛陀的教法即使有些話沒有全說或不能明說，也都會盡量用譬喻來令眾生悟入。結果後人解經，反而將它玄妙化、複雜化，像是很了不起的高深道理，這樣反而背離了佛陀的本意。

如僧問馬祖：「如何是佛？」祖曰：「即心是佛。」於此悟入，又有何差別；於此不悟，即此即心是佛，便是差別因緣。

馬祖是指馬祖道一禪師，許多禪宗大德都很有意思，通常有很多稱號，例如，南泉不喜歡人稱他師父，自稱為「王老師」，如果在禪宗典籍裡看到「王老師」大概就是指南泉。

有人問馬祖：「什麼是佛？」馬祖回答：「即心是佛」，當下這個心是佛。宗杲引用這樣一段話來解釋，如果我們可以一聽「即心是佛」就由此悟入，和前面那些奇言妙語的人有什麼差別？「即心是佛」很容易了解，但是在這一句話不悟，那這句話就是因為差別因緣。因為別人一聽就懂，就你不懂，這就是差別。

趙州云：「老僧逐日，除二時粥飯，是雜用心，餘外更無雜用心處。」且道：「這老漢在甚處著倒？」若於這裡識得他面目，始可說「行亦禪、坐亦禪，語默動靜體安然」。未能如是，當時時退步向自己 跟下，子細推窮，我能知他人好惡長短底，是凡是聖，是有是無。推窮來推窮去，到無可推窮處，如老鼠入牛角，驀地偷心絕，則便是當人四棱榻地，歸家穩坐處。

這裡是宗杲問弟子的話，他說：那趙州老和尚說：「我每天，除了二時粥飯是雜用心，其餘之外沒有雜用心。」二時便是一天只吃兩餐，早為粥、午為飯，這時宗杲就說：「趙州這老傢伙，在甚麼地方倒了？」意思就是有了漏洞。趙州老和尚為什麼二時粥飯的時候有雜用心，其他時間才沒有？宗杲刻意點出了有一個時間叫用心，有個時間叫不用心，還落在用心、不用心及正與雜。

修成時候，粥飯時要用心也可以，要雜用心也可以，已經不必刻意去思量，這對已經悟道的人不是什麼問題。所以趙州說出這一句話，其實是為了勉勵弟子們專心用功、不要散心雜話。趙州老和尚的雜用心跟無雜用心，這裡面哪裡有倒？要自己去參。如果你知道了，也就知道「行亦禪、坐亦禪」，就是不掉落兩邊，不論是動或靜，時時刻刻都是禪。

如果沒有識出趙州那句話的意思，自己就應該退下來，腳踏實地仔細去推窮。「推窮」什麼？是要參到底它是什麼？能知道「他人好惡長短底，是凡是聖，是有是無，推窮來推窮去」，到達最後無可推窮處。就如同老鼠鑽入牛角尖，進退無路、死路一條。參話頭就要這樣把自己逼到死路，不可偷心就是不敢死。最後像歷經風霜後回到家裡面穩穩地坐著，就是回到自己和佛無二無別的清淨心。

3-2 《大慧普覺禪師語錄》選輯講釋

近世士大夫多欲學此道，而心不純一者，病在雜毒入心。雜毒既入其心，則觸途成滯；觸途成滯，則我見增長；我見增長，則滿眼滿耳只見他人過失，殊不能退步略自檢察看。逐日下得床來，有甚利他利己之事，能如是檢察者，謂之有智慧人。

近世士大夫多欲學此道，而心不純一者，病在雜毒入心。雜毒既入其心，則觸途成滯；觸途成滯，則我見增長；我見增長，則滿眼滿耳只見他人過失。

指宗杲的時代或更早前，許多知識份子對佛理很通達，但是他們學佛的問題就在心念不純、雜毒入心。因為對禪宗作學問研究，帶有目的或不正確的心態來參究佛法。這樣的雜毒只要入心，遇到境緣就會停止不前。「觸途」指觸境，因為他們不是為了滿足虛榮心而增長我見，就是以我見的這把尺去衡量天下的老和尚、秤別人斤兩、看別人過失。

不能退步略自檢察看。逐日下得床來，有甚利他利己之事？能如是檢察者，謂之有智慧人。

這樣的人不會退一步檢查自己，學法沒幾日就貢高我慢。應該每天下床後要問問自己，能做什麼利他利己的事？利己是指對有助道業的事做了多少，利他就更不用說了，都不是在於挑剔別人的缺失。如果能夠每日這樣反省自己才是有智慧的人。

學佛要從內心觀照，進而消融一切，善用智慧、慈悲安住自己，這樣內外就會顯出慈悲的儀表，身口意自然會流露出智慧。

夫參學者，須參活句，莫參死句。活句下薦得，永劫不忘；死句下薦得，自救

不了。

「夫」是發語詞，沒意思。「參學者」指的是四處尋師訪道，想要究明生死大事的人，不是做學問、當學者的人。宗杲說，能用腦子去聯想而得到很多答案的都叫「死句」，所以要參活句。「活句」是指無法讓人聯想到任何答案，只能專心疑下去便是。只參一個無，既沒有一個可參的人，也沒有可參的法，沒有任何境界產生，一切都無掉，只是疑到最後第六意識的心不起，第七識也不再思量有個我，第八識原來是生滅的，突然之間連一心都打破了，因緣時節來臨時，馬上轉妄心、識心變成淨心。

士大夫學此道，多求速效。宗師未開口時，早將心意識領解了也。及乎緩緩地根著，一似落湯螃蟹，手忙腳亂無討頭處。殊不知閻家老子面前，受鐵棒、吞熱鐵圓者便是這領解。求速效者更不是別人，所謂希得返失，務精益麤。如來說為可憐愍者。

當時的士大夫看了很多語錄，希望趕緊得到參禪效果，為了超越別人就找宗師請法、希望趕快學會，可是宗師還未開口，他們心意識就認為自己好像悟到了，覺得已跟宗師以心印心。

「緩緩地根著」是指慢慢來到生命盡頭時，好像只能任人宰割掉熱湯螃蟹；這譬喻指的是那些義理懂的雖多，最終還是掉在生死熱湯裡出不來。手忙腳亂、毫無頭緒，找不著出頭或離開的地方，不知快到閻王面前去受鐵棒、吞鐵丸的人。就是指這些只會領解的人，根本沒能了悟生死，還是要隨著自己的業報走。

求速效者的這些人，「希得返失」，希望得到反而是失掉，「務精益麤」，意即希望能做到更美好，反而是愈加粗糙。心裡貪求速效的用功法，最後得來的全是白忙一場，佛陀說這些都是可憐人。

此事許聰明靈利漢擔荷，若使聰明靈利則無擔荷分。聰明靈利者雖易入而難於保任，蓋入處不甚深而力弱故也。聰明靈利者，纔聞善知識說著箇中事，便眼目定動，早將心意識領解了也。似此者，自作障礙，永劫無有悟時。外鬼作殃猶可治，此乃家親作祟，不可禳禱也。永嘉云：「損法財、滅功德，莫不由茲心意識」，此之謂也。

此事許聰明靈利漢擔荷，若使聰明靈利則無擔荷分。聰明靈利者雖易入而難於保任，蓋入處不甚深而力弱故也。

上根器的人參禪絕對可以入道。「使」是用。像六祖就是上根器者，一悟即入、一悟百悟。這個聰明靈利不是指現在說的聰辯伶俐，而是指利根的人一下子就能頓悟。但如果是反應很快，利用知識和聰明取巧去學禪者就沒辦法了。

在生活中從因緣入而見性，入道會較深而不易退。如果是經由善知識去逼拶使得心識頓空，只是眼睛打開一點縫、看到一點光，如果沒有繼續用功，外面境界一改變，還是照樣跌跤。因此宗師寧可弟子慢慢悟，因為快悟的也快退。如果是慢慢從生活事緣而苦來的體會，縱然沒開悟，所行的一切也都能跟法相應。

有沒有開悟是一回事，能在生活中行出合乎佛法的作為，那才叫真實，否則見到真心沒繼續保任，「蓋入處不甚深」，雖然知道佛法的生命實相，因為沒從生活歷練出來，很快就會被烏雲煩惱遮蓋，所以力弱。

聰明靈利者，纔聞善知識說著箇中事，便眼目定動，早將心意識領解了也。似此者，自作障礙，永劫無有悟時。外鬼作殃猶可治，此乃家親作祟，不可禳禱也。永嘉云：「損法財、滅功德，莫不由茲心意識」，此之謂也。

那些聰明靈利的人，在聽聞善知識講說參禪或語錄的內涵時，就「眼目定動」，心裡早有所領解。這就是自己障礙自己，永遠也不能開悟。「外鬼作殃猶可治」，指天作孽猶可活，自作孽不可逃。外面那些鬼（指外境），故意來禍害、障礙都還有得治，但自做的就難解了，因為最大的敵人就是自己。「禳禱」是指用祭祀的方式向上天祈福消災、免除禍患。

永嘉禪師《證道歌》說：「損法財、滅功德，莫不由茲心意識。」我們為何會損法財？功德為何會滅少？都是心意識造成的。這裡是妄心，「心」是指阿賴耶識，「識」指第六識，「意」指第七識，有分別、執著的功能。第七識把阿賴耶識當作實有，認為有個生命，又把前六識觀照分別來的種子當作實有，傳遞到第八識裡。會思索分別的，都屬於第六意識。

欲空萬法，先淨自心；自心清淨，諸緣息矣；諸緣既息，體用皆如。體即自心，清淨之本源；用即自心，變化之妙用。入淨入穢，無所染著，若大海之無風，如太虛之雲散。得到如是田地，方可謂之學佛人。未得如是，請快著精彩。

欲空萬法，先淨自心。

若把萬法當作真實而想要將它空掉，這就是落在起心動念的造作上，認為要除掉煩惱妄想執著才能得到清淨本心，這是不對的。一切諸法本來就空寂，要觀照就要先做到「自淨其心」，別以為「心」能被污染所以才有很多煩惱，因為這還是落在清淨體相的妄見妄解中。

不掉在善惡染淨對待，知道能修的「我」以及所修的「境」都本自清淨如如，就叫「先淨自心」。知道自心清淨，所有外緣自然息了，因為沒有能攀緣的「我」，也沒有所攀緣的「境」。

自心清淨，諸緣息矣。諸緣既息，體用皆如。體即自心清淨之本源，用即自心變化之妙用。

當我們能體證諸法當下就是清淨的，一切會分別妄想的緣就不能起了。當妄念止息時，真心就會顯現出來。參話頭不是要捉住什麼東西或除去什麼東西才可得，深信一切本來是空寂、清淨、如如的，只是因為我們無法當下證悟，故要藉由這些方便法來修行，但不要把它當作實有。

從性上起用就叫真心，可以產生很多妙功德、妙作用，無量的智慧、慈悲、誓願力、度生的功德，就是因為你能見性明心，才能產生那些妙作用、妙功能。菩薩就是從空寂裡產生般若正智，以及慈悲願力的妙用來度化一切眾生，也正是祖師禪要達成的。

入淨入穢，無所染著。若大海之無風，如太虛之雲散，得到如是田地，方可謂之學佛人。未得如是，請快著精彩。

「入淨入穢，無所染著」，就像大菩薩出入世間而不被世間所染。如果我們能做到識自本性，那個境界就像海闊無風，太虛雲散。

如果未到達這樣境界的人，就「請快著精彩」，是指趕快決定下一步該怎麼走，「精彩」是指絕妙的做法，決定後果的好壞是非。若我們還沒到達識自本性，就趕緊決定要在哪裡下手。就是不落有與空二邊，知道當下又是空寂，因空寂故，所以不生不滅，才有一切諸法的圓滿。

士人博覽群書，本以資益性識。而反以記持古人言語，蘊在胸中，作事業、資談柄，殊不知聖人說教之意，所謂「終日數他寶，自無半錢分」，看讀佛教亦然，當須見月忘指，不可依語生解。古德云：「佛說一切法，為度一切心；我無一切心，何用一切法？」有志之士，讀書看教能如是，方體聖人之意少分也

這都是宗杲對士大夫的開示書信。博覽羣書本來是要資益自己的性識，「性識」就

是我們天性裡具足的美好德行。但現在卻是只會記誦或引用古人的言語來彰顯自己能耐的工具，沒有實際內化成自己的一部分。

宗杲並沒有反對看經教，但是，如果只是天天在經教義理裡面鑽研別人的寶藏，不能理解聖人講道的意義，看再多不會變成我們的。讀佛經必須要「見月忘指」，不是依字面上的意思望文生義做妄解。古德云：「佛說一切法，為度一切心。我無一切心，何用一切法。」意思是佛陀講經說法是為度眾生的顛倒，如果我們體得諸法當下空寂無我、覓心了不可得，就不必揹著這些法了。

參禪人看經教及古德入道因緣，但虛卻心，不用向聲名句義上求玄妙、求悟入。若起此心，即障卻自己正知見，永劫無有入頭處。盤山云：「譬如擲劍揮空，莫論及之不及，不可忽。」《淨名》云：「法過眼耳鼻舌身意」，欲徹此法，先須屏除六根門頭，使無少過患。何謂過患？被色聲香味觸法所轉，而不能遠離；於經教及古德言句上，求知見、覓解會者是。苟能於經教及古德入道因緣中，不起第二念，直下知歸，則於自境界、他境界，無不如意，無不自在者。德山見僧入門便棒，臨濟見僧入門便喝。諸方尊宿喚作劈面提持直截分付，妙喜喚作第一等拕泥帶水，直

饒向一棒一喝下，全身擔荷得已。不是丈夫漢，被他驀頭澆一杓惡水了也，況於一棒一喝下，求奇特、覓妙會，乃是不唧嚠中，又不唧嚠者。

參禪人看經教及古德入道因緣，但虛卻心，不用向聲名句義上求玄妙、求悟入。

從此句話可知，禪宗雖然稱「不立文字」，真實的參禪人仍要「虛却心」看經教和古人的入道語錄，就是空掉所有的分別知見，要以無心的態度。別在各家的理論說法上作較量，不為求玄妙、求悟入。

若起此心，即障卻自己正知見，永劫無有入頭處。盤山云：「譬如擲劍揮空，莫論及之不及，不可忽。」

若起求玄妙、求悟的心，就障卻自己的正知見，難有入道時候。盤山[25]說：「修行就像拿劍對空揮舞，不管劍有沒有碰到什麼，都不要輕忽。」意思是不要計較得失有無，拿劍揮空時就是這麼一件事，都要很慎重的去經營它、重視它；哪怕只是拿起劍來揮空，每一步都要練得踏實真切。做任何事時都是如此，生命裡面每件事都是大事，但每

25 馬祖道一禪師之法嗣，生平不詳。

件事都是無事。

> 《淨名》云：「法過眼耳鼻舌身意」，欲徹此法，先須屏除六根門頭，使無少過患。何謂過患？被色聲香味觸法所轉，而不能遠離，於經教及古德言句上，求知見、覓解會者是。

在《淨名經》（維摩詰經）上說，一切諸法，經過我們的眼耳鼻舌身意，進入到色聲香味觸法裡，馬上會有種種接觸，一接觸就產生愛取有。所以要超越這樣的法，首先要屏除六根門頭，能夠做到無眼耳鼻舌身意，自然能夠無色聲香味觸法。

如果，眼耳鼻舌身意與色聲香味觸法碰撞在一起，就會一發不可收拾。若當下能用智慧觀照，就是放下，因為我們見境就生心起念，就是原罪，尤其是那些有所求與只知解經教的人。屏除六根門頭，是指用般若智慧觀照四大五蘊不是真實的存在，這就叫做屏除，之後就能自然通徹此法。

> 苟能於經教及古德入道因緣中，不起第二念。直下知歸，則於自境界、他境界，無不如意，無不自在者。

「不起第二念」，是指不起其他分別念，但念念都不離真正的實相，不離般若的妙照，這才叫「不起第二念」。

第一念是根跟塵接觸時，沒有經過第六意識跟第七意識作祟的話，我們叫做現量境界。現量境界就好像鏡子，鏡子一照所有的相都在裡面，沒有善惡好壞之別又了了清楚。不要以為現量境界是無智，它還是有智，但這個智是當下知道、不需要學習與分別。

所謂的「不起第二念」，不要以為是無念，它是不離正念、不離智慧真實的觀照，不是落在人我是非、分別對待上，才能說是沒有第二念。「直下知歸」，當下知道回家的路，就是真正的實相。真正的實相也是無相，知道諸法本來空寂，雖空寂卻有如幻的一切假，這叫「知歸」。因此不管是自己的身心，或是外面的山河大地包括人事物，所有裡外一切都時刻自在。

德山見僧入門便棒，臨濟見僧入門便喝，諸方尊宿，喚作劈面提持直截分付。

我們說德山棒、臨濟喝，其實臨濟不止是喝，他也用棒。德山只要見到有人進他的門，馬上就用棒供養，棒是一根粗的手杖，打下去頭不腫個包、身上不瘀青才怪。明知山有虎，就有人不怕死偏向虎山行，被打得抱頭鼠竄，但是又會鼓起勇氣再去。

古代的祖師大德接引弟子是這樣的手段，這就是把你往地獄裡去打，真的從十八層地獄出來的時候就叫天堂了。祖師大德是為了要頓斷眾生原來向外攀緣追求的心，因為只有這麼大手段的人，才能夠陶冶出不平凡的人才。

這些善知識們用諸多善巧方法當面教導與提攜，如果已經相當用功，經過這些提點可能就會悟入，之後他們就會把法傳下去。「劈面」就是當面。「提持」，就是提攜、教誡。「直截分付」就是不用任何的語言，當下就是分付。「分付」，像五祖把袈裟傳給六祖就叫「分付」，意思是此後要去傳法，交代與傳承所有的責任。

> 妙喜喚作第一等拖泥帶水，直饒向一棒一喝下，全身擔荷得已，不是丈夫漢。被他驀頭澆一杓惡水了也，況於一棒一喝下，求奇特、覓妙會，乃是不啣嚼中，又不啣嚼者。

「啣嚼」就是台灣所謂的滑溜，「不啣嚼」意思就是處處住著。宗杲自稱妙喜，他說，像臨濟喝、德山棒，在我妙喜看來叫做第一等，是最高明的拖泥帶水。拖泥帶水是比喻還有所住著，不是無形無相。

直饒就是真實的樣子。在德山或臨濟的一棒一喝下，能夠做到全身擔荷得，就算是挑的起來也已經不是丈夫漢了。為什麼呢？丈夫自有通天志，不必向人求乞任何的言教。被祖師驀頭，就是沒頭沒腦的從頭澆一杓惡水，惡水就是髒水[26]。我們是不是大丈夫，還要等到別人來肯定，已經是用一杓惡水往自己頭上澆了。再經別人的教導之中才學會自我肯定，那是不是第二杓惡水？像臨濟喝、德山棒，這就是第二杓惡水。如果不能反觀自己生命的實相，而只是在外在的事相上去求取它的好壞是非，那就是被框限住，不再滑溜了。

近世叢林，邪法横生，瞎眾生眼者，不可勝數。若不以古人公案舉覺提撕，便如盲人放卻手中杖子，一步也行不得。將古德入道因緣，各分門類云：這幾則是道眼因緣、這幾則是透聲色因緣、這幾則是亡情因緣。從頭依次第逐，則摶量卜度，下語商量。縱有識得此病者，將謂佛法禪道，不在文字語言上，即為一切撥置。喧卻現成粥飯了，堆堆地坐在黑山下鬼窟裏，喚作默而常照，又喚作如大死底人，又喚作父母未生時事，又喚作空劫已前事，又喚作威音那畔消息。坐來坐去，坐得骨

26 唐代趙州從諗行腳時，參謁臨濟義玄，恰遇臨濟洗腳。趙州問：「如何是祖師西來意？」臨濟回答：「恰值老僧洗腳。」趙州欲更前進一點，「作聽聞狀」，臨濟於是說：「更要第二杓惡水潑在！」趙州便退下。

劈生秪，都不敢轉動，喚作工夫相次純熟，卻將許多閑言長語，從頭作道理商量，傳授一遍，謂之宗旨，方寸中依舊黑漫漫地。本要除人我，人我愈高；本要滅無明，無明愈大。殊不知此事唯親證親悟，始是究竟。纔有一言半句作奇特解、玄妙解、祕密解可傳可授，便不是正法。正法無傳無授，唯我證爾證。眼眼相對，以心傳心，令佛祖慧命相續不斷，然後推己之餘，為物作則。

近世叢林，邪法橫生，瞎眾生眼者，不可勝數。若不以古人公案舉覺提撕，便如盲人放卻手中杖子，一步也行不得。

這些話是宗杲對當時道場狀況所作的開示，當時許多道場都用錯誤方法教禪眾。他指的邪法，就是那些掉在身心相上用功的大德，他們把這些錯誤的心態當作實有。用這樣的方法來接引人，就是瞎眾生的眼、讓眾生失掉慧命，這樣的情形多不勝數。

這些大德並不是故意用邪法來接引眾生，他們只是有了某方面的身心體驗，就來接引他人，這其實很容易產生誤解。宗杲又說如果不以古人的公案來當做教導，就像瞎子走路卻放掉拐杖，一步也行不得。

將古德入道因緣，各分門類云：這幾則是道眼因緣、這幾則是透聲色因緣、這幾則是亡情因緣。從頭依次第逐，則摶量卜度，下語商量。

參禪的人必須藉古代宗師的方便教法作為修學用功的方法。但是很多道場就把這些公案語錄一一做整理，分門別類而且歸納出相似的開悟因緣，這樣卻很容易掉入意識分別心裡。用心意識在推敲，就叫做「摶量卜度」，思索推敲之意。「下語商量」就是和大家相互說出看法，講到最後變成鬥機鋒，再分你我高下。

參話頭裡真正的鬥機鋒，是指師徒之間觀機逗教，師父用一個方式讓你馬上頓斷心意識，不是彼此耍嘴皮子。

縱有識得此病者，將謂佛法禪道，不在文字語言上，即為一切撥置，喫卻現成粥飯了，堆堆地坐在黑山下鬼窟裏，喚作默而常照，又喚作如大死底人，又喚作父母未生時事，又喚作空劫已前事，又喚作威音那畔消息。

縱然有發現這樣的問題者，卻又狡辯說佛法和禪法都不是在語言文字上追究的，所以不必理會，這其實又落入二邊，因為禪不在語言文字上，卻又不脫離文字語言。禪是跳脫兩頭，從心性上直接顯露的，再藉由形式表達這個直接。

又有一類大德知道究竟實相是要離言語文字的，便指佛說的經教都不在文字語言上，只管打坐就好，認為什麼東西都叫現成粥飯，「粥飯」指的就是生命實相。這樣的人就像在黑山鬼窟卻告訴自己在修默照。

又或是因為打坐而內心感到很安定，好像到了不思善不思惡的境界，以為這樣就是開悟，像大死一番的人。又像是感覺到父母未生之前的狀態。「空劫已前事」指最原始開始之前，又稱「威音那畔消息」，威音王佛乃是過去莊嚴劫最初之佛，體驗到的境界是在連威音王佛都還沒出現世間時所體悟的。

> 坐來坐去，坐得骨臀生胝，都不敢轉動，喚作工夫相次純熟。卻將許多閑言長語，從頭作道理商量，傳授一遍，謂之宗旨，方寸中依舊黑漫漫地。

他們以為這樣的境界就是究竟，所以坐到屁股都長褥瘡還不敢動，怕一動心就起煩惱、分別。也認為無分別的狀況就是不思善、不思惡的境界，以為這樣叫「工夫相次純熟」，坐得越久，心就越明白有一天會了悟，認為這是自古傳下來最究竟的心法，不知道這樣是錯誤的。為了維護這樣的說法是對的，便引證很多經教或祖師說法來作道理；並且用來傳授弟子，成為他們這一宗的宗旨。但是心裡還是沒有獲得真實的智慧，因此心裡頭還是黑漫漫的，沒有清楚真實的了悟。

本要除人我，人我愈高；本要滅無明，無明愈大。殊不知此事唯親證親悟，始是究竟。纔有一言半句作奇特解、玄妙解、祕密解可傳可授，便不是正法。正法無傳無授，唯我證爾證。眼眼相對，以心傳心，令佛祖慧命相續不斷，然後推己之餘，為物作則。

參禪本來是要去除人我，但是大家都說自己的最好，越修人我就越高。修行本是為了斷除無明知見，得親證親悟才叫究竟。只要有一句或半句，把祖師給的教導解釋成最高妙的，就是不對。錯以為有個玄奧的東西可傳授，叫做以心印心，這樣並不叫正法。正法是無法傳授的，一切都要親自親為。只有慧眼對慧眼的心心相印，祖師的心跟弟子的心，或跟佛心都能相契合，這時佛祖慧命就能相傳下去。如果自己能證悟到如此，自己身上也才能有正知見及體悟，才能做為真實的體認去教化大眾，不會陷入邪知邪見。

昏沉、掉舉，先聖所訶。靜坐時纔覺此兩種病現前，但只舉狗子無佛性話，兩種病不著用力排遣，當下怗怗地矣。日久月深，纔覺省力便是得力處也，亦不著做靜中工夫，只這便是工夫也。

我們在用功的時候，數息、打坐是不是常常會昏沉、掉舉？遇到昏沉、掉舉經常用很多方法對治，例如：睜大眼睛、跪香或者拜佛，好像如果對治得很好，就是用上方法，就叫做會修行。但事實上，任何時刻只要心沒有在法上用功，就會掉入。參話頭的人不需要用別的方法對治昏沉、掉舉，只要用「無」繼續用功，昏沉、掉舉就沒有了。因為如果真正用功的時候，睡眠的時間會慢慢變少，精神體力卻越好。

「怗怗」就是相黏在一起不會掉，日久月深越來越省力，功夫越來越好。當你把話頭運用上的時候，就跟你合在一起，昏沉和睡眠都會自然減少，體力會感覺變好、覺得很省力，也用不著特別待在靜處才能用功，當下參話頭之中，就已經是靜處功夫了。

千疑萬疑，只是一疑。話頭上疑破，則千疑萬疑一時破。話頭不破，則且就話頭上面與之廝崖。若棄了話頭，卻去別文字上起疑、經教上起疑、古人公案上起疑、日用塵勞中起疑，皆是邪魔眷屬。

有很多人一下疑這個，一下子疑那個，覺得無聊就換來換去，自認為在用功。如果你很專心進入正念相繼的時候，這些無聊、想要換來換去的心就會消失。但是到達一心的時候，一定要直緣諸法的實相，就是「無」繼續參，究竟它是什麼？

如果話頭不破也不要放棄，尤其不要轉往在文字、經教或是古人公案上起疑。「日用塵勞中」，就是剛才在掃地、在洗碗，不要轉參：「掃地的人是誰？洗碗的人是誰？走路的人是誰？吃飯的人是誰？」以上這些都不是參禪的正法。事實上，「無」字已經問到越是無聊、沒味，恰恰就是最好用心的時候。

狗子無佛性話，左右如人捕賊。已知窩盤處，但未捉著耳。請快著精彩，不得有少間斷。時時向行住坐臥處、看讀書史處、修仁義禮智信處、侍奉尊長處、提誨學者處、喫粥喫飯處，與之廝崖，忽然打失布袋，夫復何言。

意思是你在參「狗子無佛性」這句話的時候，好像在抓賊一樣，已經知道賊躲在哪裡就好抓了。「快著精彩」，就是在你精力最好的時候，用全身心用功，不得任何間斷。任何時地的行住坐臥都不離開話頭，無論處理任何事情，那個疑情還是在心裡。

生活中不論是讀書，或是修仁義禮智信時，或是侍奉尊長時，或是在教導提誨學生時，吃飯吃粥時，都要跟它「廝崖」。「廝崖」就是跟它糾纏在一起的樣子。什麼叫「打失布袋？」布袋破了，所以東西都掉了，意思就是我們原來的人我見，頓時像氣球爆了一樣，當下你就一清二楚了。所以「夫復何言？」還需要多說什麼嗎？

伏承，杜門息交，世事一切闊略。唯朝夕以某向所舉話頭提撕，甚善甚善。既辨此心，當以悟為則。若自生退屈，謂根性陋劣，更求入頭處。正是含元殿裏問長安，在甚處爾，正提撕時是阿誰？能知根性陋劣底又是阿誰？求入頭處底又是阿誰？

這篇是書信，「伏承」，是對長輩或高官使用的客氣話，意思就是說：難得您這麼高貴的人來聽我山野老僧講話，還朝夕提著話頭。「杜門」就是關起門來，不再去做應酬的事，「闊略」就是放得很開，不去經營了。意思就是說，不僅是杜門息交，連家裡所要處理的這些事情，都把它擺開。像這種官家家大業大，要放下這些很難啊！

「辨此心」，就是要老實踏地的以明心見性為目標。既然願意以這樣的方式用功，無論何處都要自我鞭策，否則哪會有成就？若沒有這樣的心，修一修就生出「退屈」，就是不敢承當、老想著各種退縮的理由、說自己根性陋劣。

「含元殿」就是當時的京城長安，意指你已經在我們生命究竟實相那個寶藏之處，還問寶藏在哪裡？含元殿在哪裡？就在長安裡，還要問嗎？知根性陋劣的又是誰？求個入頭處底，進入話頭裡面用功的又是誰？人人都有佛性，自己只要承當，有煩惱也是一種希望，只要放下它，當下全體顯現出來的就是真心妙用。

趙州和尚云：「老僧十二時中。除二時粥飯是雜用心。餘無雜用心處。」此是這老和尚真實行履處，不用作佛法禪道會。

趙州和尚對弟子們說：「在平常生活中，我除了在二時粥飯是雜用心，其他時間沒有雜用心。」宗杲說這只是老和尚真實修行的現象，並且是簡單的事實陳述罷了。

佛法的修行是即現象的當下，我們要學會怎麼去用心。對現前的欲望，知道這只是生命的相，不去過分膨脹它，用智慧觀察，當下遠離，當下就清淨。趙州和尚說粥飯時是雜用心，其他時間不離用心。正告訴我們修行時不要掉在兩邊用功，也不是離兩邊什麼都沒有。對一切境界的因緣來去相，當下要清楚的了解，一一觀照深層變化過程，不能說一空就什麼都空。

生從何處來，死向何處去，知得來去處，方名學佛人。知生死底是阿誰？受生死底復是阿誰？不知來去處底又是阿誰？忽然知得來去處底又是阿誰？看此話眼眨眨地理會不得，肚裏七上八下，方寸中如頓却一團火相似底又是阿誰？若要識，但向理會不得處識取，若便識得，方知生死決定不相干涉。

只有靠自己才能究竟了解生死大事，否則，從經教裡得來的任何知識答案都幫不了你。祖師說，時時刻刻認真問自己到底生從何來、死向何去？知生死的是阿誰？「阿」字是語助詞。在生死輪迴裡受生死的是誰？不知生死來去的人又是誰？問這些問題是為了加強疑的心。

祖師告訴我們直接進入到無心，「無」就是叫你如何達成無心的狀況。平常要起心去參這法應怎麼用功？怎麼感受？這樣的感受越真實、越貼切的話，受用覺得越好。本來只是執著在生死的恐懼，慢慢用功後，確實還可以得到一些東西，但說句老實話，該掉的沒掉，反而一直增加新的，你還以為在進步，其實卻是在增加執著度。

「忽然知得來去處底又是阿誰？」前面說一直疑到最後突然明白了，這時又老實問自己：真正明白的人究竟是誰？悟後的境界究竟是什麼？問了前面的幾個問題，自己還是不了解，有時會打算找明白的人告訴自己。「眼眨眨地」，巴望著誰來給個答案。因為不知道，肚裡胸裡就像一團火似的，有一種祈求哀憐的心。掉入這樣境界的人又是誰？不知如何是好，就進一步去疑它，這又究竟是誰？恰恰要在任何狀況時，又針對這樣的問題提出：究竟是什麼？就是繼續這樣疑下去，自然有力。

如果到這地步你果然見自本性時，就可以確切知道：生死哪裡會干涉到我們？我們本來就是清淨、如如、自在，哪有這樣的障礙？

在當人日用二六時中，如水銀落地，大底大圓，小底小圓，不用安排，不假造作，自然活鱍鱍地，常露現前。正當恁麼時，方始契得一宿覺所謂：「不見一法即如來，方得名為觀自在。」苟未能如是，且暫將這作聰明說道理底，置在一邊。卻向沒撈摸處、沒滋味處，試撈摸咬嚼看，撈摸來撈摸去，咬嚼來咬嚼去。忽然向沒滋味處咬著舌頭，沒撈摸處打失鼻孔。方知趙州老人道：「未出家時被菩提使，出家後使得菩提。有時拈一莖草作丈六金身，有時將丈六金身卻作一莖草用。」建立亦在我，掃蕩亦在我，說道理亦在我，不說道理亦在我。「我為法王，於法自在」。說即有若干，不說即無若干。得如是自在了，何適而不自得。

在當人日用二六時中，如水銀落地，大底大圓，小底小圓，不用安排，不用造作。自然活潑潑地，常露現前。

意指我們平日身心態度，都要像水銀落地。水銀掉落地上，雖然會散成大小不一的圓，但它仍然會聚合成原來一大團的狀況，不用刻意造作安排就自然如此。

宗杲用水銀來比喻我們的心性也是如此，雖然會依外境而有一些變化，但心性仍然空寂清淨。不要刻意尋找或用方法保持你的心，因為它本來就是這樣，刻意反而障蔽它了。

> 正當恁麼時，方始契得一宿覺所謂：「不見一法即如來，方得名為觀自在。」

宗杲說，若能體認剛剛說的這幾句且能契合相應。這裡的「一宿覺」，指的是〈永嘉證道歌〉的永嘉玄覺禪師。才知道永嘉的這句：「不見一法即如來，方得名為觀自在。」沒看到任何一法，也沒體會到有一法可得，這時你才真正見到如來。經典所說見法即見如來，但永嘉為何說不見一法，才是見如來？若覺得有衝突，自己去參！

> 苟未能如是，且暫將這作聰明說道理底，置在一邊。卻向沒撈摸處、沒滋味處，試撈摸咬嚼看，撈摸來撈摸去，咬嚼來咬嚼去。忽然向沒滋味處咬著舌頭，沒撈摸處打失鼻孔，方知趙州老人道：「未出家時被菩提使，出家後使得菩提。有時拈一莖草作丈六金身，有時將丈六金身卻作一莖草用。」

若無法現下證悟本來一切是自然如如、不生滅來去的，就把那些聰明的道理先放一邊，因為明明不懂卻還把那些話當作自己的。「沒撈摸處」，意指捉不到的地方，偏得去啃一點滋味都沒有的東西，去問：什麼是無？

參話頭參到天昏地暗、要死不活時，還是要繼續做這些無聊事、繼續問！他說「撈摸來撈摸去，咬嚼來咬嚼去」，撈來撈去、咬來咬去，忽然像沒滋味的時候咬著自己的舌頭，一痛的當下就清楚了。或撈來撈去突然不小心撈到自己鼻子，原來我的鼻子在眼睛底下，這叫娘生面孔。當我們持續問下去，所有可以思量、有所作為的念頭都沒輒了，忽然可能是一個香板、風聲，或看到一片樹葉掉下來，或聽到人家在罵死沒良心的，在種種適當因緣下就見真心、證本來面目了。

屆時就能了解，天底下老和尚縱然有千奇百怪的說法，卻再也瞞騙不了你。比如趙州老和尚說：「未出家時被菩提使，出家以後使得菩提。」「使」，耍弄。他說沒有出家前被菩提耍弄，出家後可以耍弄菩提。又說，有時我拿起一根草，說這是丈六金身的佛，叫大家來頂禮，說這是三十二相、八十種好的佛。這些粗俗荒謬的言辭，若沒見到自己本心者就會被耍得團團轉、不知如何是好。

建立亦在我，掃蕩亦在我，說道理亦在我，不說道理亦在我。「我為法王，於法自在」。說即有若干，不說即無若干。得如是自在了，何適而不自得。

當知道自己的本來面目是什麼，就能建立也在我；我說不是，也確實不是。建立、掃蕩都在我，因為認識的我是真實的我，不是從妄想分別來的，是真實自在、諸法實相、常樂我淨的我。這時不僅是建立可以，掃蕩也可以，說道理也可以，不說道理也行。比如人家問：「如何是釋迦身？」雲門文偃禪師說：「乾屎橛。」為什麼？參吧！只要真正悟了，道理說不說都由我，因「我為法王」，於法得自在就無所不是，時刻都自在了。

真勇猛精進勝丈夫所為，顚猛著精彩，努力向前。說處、行處已不錯，但少噴地一下而已。若有進無退，日用二六時中，應緣處不間斷，則噴地一下亦不難。然第一不得存心在噴地一下處，若有此心，則被此心障卻路頭矣。但於日用應緣處不昧，則日月浸久，自然打成一片。何者為應緣處？喜時怒時、判斷公事時、與賓客相酬酢時、與妻子聚會時、心思善惡時、觸境遇緣時，皆是噴地一發時節。千萬記取！千萬記取！世間情念起時，不必用力排遣。前日已曾上聞，但只舉僧問趙州：「狗子還有佛性也無？」州云：「無。」纔舉起這一字，世間情念自怗怗地矣。多言復多語，由來返相誤。千說萬說，只是這些子道理，驀然於「無」字上絕卻性命，

這些道理亦是眼中花。

真勇猛精進勝丈夫所為，願猛著精彩，努力向前。說處、行處已不錯，但少噴地一下而已。

大丈夫要勇猛精進用功，不要被參禪過程的身心反應障礙了。這裡的丈夫是指心智上能勇猛精進的，都叫「大丈夫」。修道人要有大丈夫的沖天氣概，不要輕易退心，參話頭要「猛著精采」，一步步進逼自己，時刻都在疑情話頭上老實用功。

尤其在「說處、行處」都已經正確的時候；「說處」指已經清楚參話頭的教理；「行處」指參話頭的實作。最後就只差「噴地一下」，「噴地」是指很快、剎那，突然間疑到最後所有妄想心、分別心都沒有時，剎那真心就顯現出來。用「噴地一下」形容，好像我們心裡有個很大的震動，突然一念就馬上明了。

若有進無退，日用二六時中，應緣處不間斷，則噴地一下亦不難。然第一不得存心在噴地一下處，若有此心，則被此心障卻路頭矣。但於日用應緣處不昧。則日月浸久。自然打成一片。

生活中任何時刻都要不間斷參話頭。應緣處不間斷，是指於行住坐臥中話頭都不間斷，最後的那一刻終究不難到來。雖然不難，但是若心裡老想著：離噴地一下已經不遠了，總會豁然開朗、虛空粉碎、大地沉淪。總是這樣幻想，就會成為修行的最大障礙。疑情就是有件事不知道，但是不會影響日常生活的一切作為，事情都可以做得好，疑也不會掉，這就是「打成一片」。

何者為應緣處？喜時怒時、判斷公事時、與賓客相酬酢時、與妻子聚會時、心思善惡時、觸境遇緣時，皆是噴地一發時節。

宗杲告訴我們，必須在日常生活中持續用功。遇到事情很高興時，高興照常高興，但話頭不要掉；怒氣衝天時，話頭也要繼續。在判斷公事、在家管事，甚至跟賓客應酬時，乃至「與妻子聚會時、心思善惡時、觸境遇緣時」，皆是噴地一發的時節。

宗杲指導的是一般居士，所以是一般人的日常生活作息。觸境遇緣時，包括你眼見、耳聽、心所想都是，任何狀況恰恰都是噴地一發的時節，任何時刻都可能開悟，你在做任何事情都可能開悟。

千萬記取！千萬記取！世間情念起時，不必用力排遣。前日已曾上聞，但只舉僧問趙州：「狗子還有佛性也無？」州云：「無。」纔舉起這一字，世間情念自怗帖地矣。多言復多語，由來返相誤。千說萬說，只是這些子道理，驀然於「無」字上絕卻性命，這些道理亦是眼中花。

宗杲一再叮嚀我們老實記著，世間所有事情你都該去做，乃至你心起邪惡好壞之念，都不要刻意排遣它，要觀照這些只不過是我們凡夫會起的念，什麼天理、人欲[27]都會出現，要知道這只不過是「但有假名」，不必掉在裡面，就像明知糞坑很臭，就不要跳進裡面告訴自己果然很臭。之前已經說過了，但是只舉趙州的「『狗子還有佛性也無？』趙州云：『無。』」才舉起這一字，世間情念起來時，任它起任它滅。若把心掉在境界中做種種判斷，以為叫修行，反而是吃力不討好。

這些道理說來說去也就一個道理而已，這些道理也像眼中花。意思是你知道前面說的，歸納到最後也都是屁。最有用的就是持續疑下去，最後在「無」上面大死了、所有思索都沒有了，才能真正知道，前面說的這些只不過是眼中花而已。

大丈夫漢，決欲究竟此一段大事因緣。一等打破面皮、性燥，竪起脊梁骨，莫

27「天理」、「人欲」二詞，早見於《禮記》〈樂記〉：「好惡無節於內，知誘於外，不能反躬，天理滅矣。」〈樂記〉所謂「天理」，是指天生清靜之性；「人欲」，是指人對嗜欲的貪求。

順人情。把自家平昔所疑處，貼在額頭上。常時一似欠了人萬百貫錢，被人追索，無物可償，生怕被人恥辱。無急得急，無忙得忙。無大得大底，一件事方有趣向分。

這段是說明參話頭的態度—做為大丈夫，要下定決心究竟了脫這一大事因緣。首先，決心打破外表的面皮、丟下自己虛假的面貌、革除急躁情緒。提起精神、挺起脊樑骨，不要順著人情或依著自己的喜好，要老實用功，絕不被自己的性情打垮。

參話頭是要自己平息所疑處，它究竟是什麼？搞不懂，就要把它貼在額頭，或放在鼻尖。不管走到哪，這個問題都是如影隨形跟著，何時何地都不要忘失。

禪師繼續做比喻：好像欠錢被追債，但又還不起而覺得很羞恥。面對生命這件大事，就是要有這樣的態度。生命裡最大的苦惱才是我們的善知識，它使我們的生命能有超越現實的力量。

若道：「我世間文字，至於九經十七史、諸子百家、古今興亡治亂，無有不知，無有不會，只有禪一般，我也要知，我也要會。」自無辨邪正底眼，驀地撞著一枚，杜撰禪和，被他狐媚。如三家村裏傳口令口耳傳授，謂之「過頭禪」，亦謂之「口鼓子禪」。把他古人糟粕，遞相印證。一句來一句去，末後我多得一句時，便喚作

贏得禪了也。殊不肯退步，以生死事在念，不肯自疑，愛疑他人。

宗杲指明當時許多士大夫的心態像要博學多聞，於交際應酬時才不失面子。參加禪修成了彼此的較量，或試探性地略知一二，這樣的發心就不正了。

再來就是沒有辨別邪正的眼，要是遇見一個瞎眼的和尚，隨便胡謅亂蓋被他狐媚了。就像在三家村裡傳口令，傳來傳去，都是嘴上功夫，只是把別人的東西說來說去當成自己的東西，這就是「過頭禪」。又像嘴巴打鼓咚咚咚，傳來傳去只會咚咚響，這叫做「口鼓子禪」。

「三家村」是三戶人家成為一個村，是指對一群沒有見識、教育文化水準低落的人傳口令，一傳二，二傳三，傳到最後，你再問他聽到什麼，答案可能跟第一個人完全不同。這是指每個人對內容都不是很清楚，以自己的認知去杜撰，最後結果就差了十萬八千里。

這些人把祖師大德的語錄說來道去，並且拿來和別人鬥機鋒，假如鬥到讓人啞口無言接不下去，就當自己是懂禪了。這些人完全不知要退一步想想，應該要自疑：「這樣做對我的生死有幫助嗎？我真的明白了嗎？」要把生死事擺在心裡思維，不要再做自欺欺人的事。

晝三夜三，孜孜矻矻。茶裏飯裏、喜時怒時、淨處穢處、妻兒聚頭處、與賓客相酬酢處、辦公家職事處、了私門婚嫁處，都是第一等做工夫提撕警覺底時節。昔李文和都尉，在富貴叢中參得禪，大徹大悟。楊文公參得禪時，身居翰苑。張無盡參得禪時，作江西轉運使。只這三大老，便是箇不壞世間相而談實相底樣子也。又何曾須要去妻孥，休官罷職咬菜根，苦形劣志，避喧求靜，然後入枯禪鬼窟裏作妄想，方得悟道來。

「晝三夜三」，白天叫日前、日中、日後，整個晚上叫前夜、中夜、後夜，「孜孜矻矻」是認真努力的樣子。在你喝茶、吃飯、高興、不高興、在乾淨或不乾淨的地方，乃至於家庭生活中，或與賓客往來、辦公職事、私門婚嫁（婚喪喜慶），這些環境都是第一等最好的時處，讓我們參話頭、下工夫，不論何時何地都要用話頭。

在那時代有一位叫李文和的都尉，是在富貴叢中參得大徹大悟。在大富貴裡修道難，更何況都尉是掌管軍事，更難，竟然在富貴之中認真參禪得到體悟。宗杲舉這個富貴也能得禪的例子，勉勵在座的士大夫，不管身份是什麼，在職或退職，任何場所都要用工夫。

「楊文公參得禪時，身居翰苑」，即使整理國家文書簿籍，忙碌之下照樣參禪。張無盡就是張商英，他參得禪時是做江西轉運使，曾做過宰相，跟宗杲的關係很深厚。繁忙中仍可參禪，這都是當代大老親自印證的大德。

既已知有此段大事因緣，決定不從人得，則便好頓捨外塵，時時向自己腳跟下推窮。推來推去，內不見有能推之心，外不見有所推之境。淨裸裸、赤灑灑沒可把，如水上放葫蘆，無人動著。常蕩蕩地拘牽他不得，惹絆他不得，撥著便動觸著便轉。如是自在，如是瞥脫，如是靈聖，不與千聖同途，不與衲僧借借。直能號令佛祖，佛祖號令他不得。當人知是般事，便好猛著精彩，向百尺竿頭快進一步。

既已知有此段大事因緣，決定不從人得，則便好頓捨外塵，時時向自己腳跟下推窮。推來推去，內不見有能推之心，外不見有所推之境。淨裸裸、赤灑灑沒可把，如水上放葫蘆，無人動著。常蕩蕩地拘牽他不得，惹絆他不得，撥著便動觸著便轉。

既然大家確定想知道這件大事因緣，就不能從別人身上得來。只能認真從自身觀察照見、推窮參究，知道實相是沒有能推的人、所推的法，既然沒有能所，一切諸法當下

「淨裸裸、赤灑灑」的，這是指什麼東西都沒有，滑溜得讓我們什麼都把捉不到，就像放一個葫蘆在水上漂，誰都動不著。

「常蕩蕩地拘牽他不得」，比喻我們在用功當下，發覺沒有能用功的心、沒有所觀照的法，好像空盪盪沒任何東西。當下，雖然好像找不到心，但還是清楚知道在疑一個東西，那樣的東西是無形無相的，依然清楚有這麼回事。但不要把它變成有實質的，不要把它形象化。

> 如是自在，如是瞥脫，如是靈聖，不與千聖同途，不與衲僧借借。直能號令佛祖，佛祖號令他不得。當人知是般事，便好猛著精彩，向百尺竿頭快進一步。

這樣用功的狀態沒有什麼東西要去捉，也沒什麼要努力，沒有可努力的人，又清楚明白自己在作什麼，這樣就叫「如是自在」。「如是瞥脫」，是指我們眼睛應該要一瞄到境相，馬上就要知道狀況，但不被其綁住、能跳脫出來，而瞥脫也是要跳脫我們對無記及境界的執著。

「靈聖」指不可思議的狀況。我們的心當下就是這樣，在用功時不要越參越覺得苦惱，應該越參越覺得心多好，所有境界來時你都清楚、不會被綁住，就叫「瞥脫」或「靈聖」。我們要體證佛與自己沒有差別，就能了解什麼是「不與千聖同途」，因為本來就是圓滿的，本不需要跟千聖一起走上這條解脫大道。

「不與衲僧借借」，「衲僧」是指祖師大德，不借他們的言語。因為祖師本來也是借佛陀的東西，所以如果覺得自己必須要跟隨祖師的公案、說法才能破妄想執著，就無法顯現自己的東西。

若我們能認清一切諸法本來如是，不需藉佛、求佛或經過任何努力才得到，只要放下所有分別知見，當下就圓滿具足。宗杲說：不要只停於現在的清涼自在，不要以為這是真實解脫，因為不過是四禪八定的身心相，還是沒打破。這時候要趕緊「猛著精采」，不要停頓在這樣的境界，趕緊往前衝，把所有生命力量蹦出來，才能做到「百尺竿頭快進一步」。

如進得這一步，則不異善財童子。於普賢毛孔剎中行一步，過不可說不可說佛剎微塵數世界。如是而行，盡未來劫猶不能知一毛孔中剎海次第、剎海藏、剎海差別、剎海普入、剎海成、剎海壞、剎海莊嚴，所有邊際。似這般境界，亦不是外邊起心用意修證得來，只是當人腳跟下本來具足底道理耳。不見德山和尚有言：「汝但無事於心，無心於事，則虛而靈、空而妙。若毛端許言之本末者，皆為自欺。」何故？毫釐繫念三塗業因，瞥爾情生，萬劫羈鎖。聖名凡號盡是虛聲，殊相劣形皆為幻色。汝欲求之得無累乎？及其厭之又成大患。

如果能到達這一步，就跟善財童子沒無異。這樣的修行就像在普賢菩薩的一個毛孔裡面走一步，就能超過不可說不可說的佛剎微塵數的世界。甚至這樣繼續走，盡未來劫，還是無法得知一毛孔中的無邊際。這些邊際亦不是外邊起心用意修證得來，只是腳跟下本來具足的道理。這邊是舉用《華嚴經》裡善財童子五十三參。

就算你模仿善財童子一樣修行，用盡未來一切時間，仍然不能知道一毛孔裡竟然包含剎塵世界海的次第，以及裡面涵藏的差別，也不會知道互相普入、成壞及種種莊嚴。即使走過外在很多世界，仍無法了解一毛孔中竟然涵藏具足了超過他所知道的世界，及其所有成住壞空的因緣；一微塵裡含有諸佛無盡的道理，涵藏世間宇宙所有一切。當到達跟佛無別的境界，「亦不是外邊起心用意修證得來，只是當人腳跟下本來具足底道理」，所有一切也只不過是現前當下，當下一切就已經是這樣的境界，已涵藏無量無邊的法界功德，乃至法界的智慧解脫。

「不見」就是見，意指，難道不知道德山宣鑑和尚說過嗎？修行要做到「無事於心」，不要把好多事擺在心裡。人生苦短，為什麼要懷千歲萬歲的憂？「無事於心」，不要以成見擺在心裡做分別，這樣反而使自身難脫、更煩更苦，要相應到本自空寂，用智慧去處理。若能保持「虛而靈、空而妙」，看起來什麼都沒有，卻是非常靈妙；看到好像是空的，卻有不可思議的奧妙。

千萬不要歸之於這是本有的，若把它當實有，就會認為不需要用功，因為本來就圓成。「末」的意思是，既然要經由幾大阿僧祇劫才能得到，那好像也不用修、緩不濟急，這樣就是掉落兩邊，都叫「自欺」，也就不能知道諸法實相是什麼。如果有絲毫的繫念（掛念），都會成為三塗的業因，也就是三惡道的源頭。我們只要心有所罣礙、貪求，哪怕只有一丁點，就永遠在三惡道裡輪迴。

尊貴的佛號或平凡的名稱，都不是真實的，只不過是個聲音而已。不管是佛有三十二相、八十種好，或是我現在長得美醜的相貌，都叫「幻色」，都不是真實的色。若想求取、得到它，不是太累了？如果你討厭這件事，它就又變成永遠揮之不去的大災難。

第四章　宗乘的七箇樣子

此篇是大慧宗杲寫給妙明居士的法語，原標題為：〈示妙明居士（李知省伯和）〉家師說：「本文係示妙明居士李知省伯和的法語，共分七段，說明了參禪者的七項須知的事。」家師將原標題改為〈宗乘七箇樣子〉，並且將開示內容收錄在《聖嚴法師教話頭禪》第三篇中，名為「〈宗乘七箇樣子〉講要」中。家師在《聖嚴法師教話頭禪》一書中已經講得很詳細，我只是再歸納及補充，讓大家能夠清楚參禪的時候，不管用話頭或默照，都只是一種方法而已。只要我們不著在相上用功，能夠念念觀照到清淨的實相，那就是參禪。如果著在相上，不論怎麼用功都只是落在小乘的解脫法。

大慧宗杲和宏智正覺是同時代的人，雖然在教法上看起來有所不同，但其實是互輔互成的。宏智正覺弘揚的默照法門，是從體性上著手，說明體性是默默的，即真心（或稱真如心、清淨心）本自如如、清淨、圓滿的，並據此真心起究明實相的作用。大慧宗杲是用如幻的法門，以對治如幻的境界，或如幻的錯誤認知，所以是從真心起一種妙用。參話頭的時候，不管身心狀況如何，心都不要對它有所回應，只是直緣自己的心，繫念、參究一句話頭。

話頭並非去分析、追求答案，而是念念只起真如妙用，即不離清淨心參究諸法的實相。因此參話頭時，只管遠離身心狀況、感覺，直問一個話頭，藉話頭引起疑情，因此是從真如心起觀照的妙用。話頭是以治來斷治，像以劍來斷劍，直到治斷也無治斷的時候，那才是叫做真治。

縱上所說，話頭法門所用的藥比較猛，就是一直「無」下去。這裡說明「無」，不是有無相待之無，係藉「無」，放下分別執取，以通達諸法實相乃空性，即無自性、不可得的狀態，貫徹「無」到究竟，連「空性」都不存在。

默照與話頭兩個法門的同異在於：默照是從比較靜態上面去參究，而話頭則用在動態上面，二者皆以真如（空性）為其根本。話頭係從真如體性開展出的妙心、妙用上面去起疑，這種方式較不容易掉落在心意識上用功。若用默照法門，較易落到身心相的安靜，易產生住著、愛樂、沈空滯寂，陷入無記與輕安。此外，容易用心意識去分析各種離言的清淨真心、佛性、真如、如來藏、實相、般若等。

不論默照或話頭皆不可用心意識參禪，也不可用思索、歸納種種邏輯分析義理，更不可掉在文字義理相或空寂證悟相。不管任何境相現前，都是佛來斬佛、魔來斬魔，因此話頭的運作屬於智慧妙用。參話頭的時候，任何心境或感受都叫賊首，賊首一出，金剛王寶劍馬上當念斬殺，然後再回到疑情上面來繼續用功。

話頭在修學過程中是以較強猛的手段，去直緣真如心，起智慧觀照諸法實相到底是什麼？如果有任何一念起來，都叫做妄念、如幻，因此揮刀就砍。縱然有所揮，也知所揮之用是如幻的，因此不會住著在此境界。幻妄盡除，不幻的真心就現前。

4-1 第一箇樣子「道由心悟，不在言傳」

道由心悟，不在言傳。近年以來學此道者，多棄本逐末，背正投邪。不肯向根腳下推窮，一味在宗師說處著到。縱說得盛水不漏，於本分事上了沒交涉。古人不得已，見學者迷頭認影，故設方便誘引之，令其自識本地風光，明見本來面目而已，初無實法與人。如江西馬祖初好坐禪，後被南嶽讓和尚將甎於他坐禪處磨，馬祖從禪定起問：「磨甎何為？」讓曰：「欲其成鏡耳。」馬祖笑曰：「磨甎豈得成鏡耶？」讓曰：「磨甎既不成鏡，坐禪豈得成佛？」蓋讓和尚嘗問馬祖：「坐禪何圖？」馬祖以求也佛答這。教中所謂先以定動後以智拔。馬祖聞坐禪豈得成佛之語，方始著忙，遂起作禮致敬曰：「如何即是？」讓知其時節因緣已到，始謂之曰：「譬牛駕車，車若不行，打牛即是，打車即是？」又曰：「汝學坐禪？為學坐佛？若學坐禪，禪非坐臥。若學坐佛，佛非定相，於無住法，不應取捨，汝若坐佛，即是殺佛。若執坐相，非達其理。」馬祖於言下忽然領旨。遂問：「如何用心即合無相三昧？」讓曰：「汝學心地法門，如下種子。我說法要，譬彼天澤。汝緣合故，當見其道。」又問：「道非色相，云何能見？」讓曰：「心地法眼能見乎道，無相三昧亦復然矣。」曰：「有成壞否？」讓曰：「若以成壞聚散而見道者非也。」前所云方便誘引。此是從上宗乘中第一箇樣子，妙明居士請依此參。

「道由心悟，不在言傳。」是非常重要的指導。指出不能在文字上鑽求，也不能向他人求問什麼是妙悟？什麼叫道？這些行徑皆沒有用。那究竟它是什麼？只能自己用心去悟這個不明的真相，不能靠別人傳。若說有道可傳的話，那就不是了。所謂的傳衣鉢、傳法卷，只是為了證明而已，並非有真實之道可傳。

「近年以來學此道者，多棄本逐末，背正投邪。不肯向根腳下推窮，一味在宗師說處著到。」最近學佛者都「棄本逐末」，不知道自己的真心跟佛一樣，也不知道一切法的當下就是究竟實相，於是都在追逐末，遠離了本，不知道行為就已經邪了，還以為自己是在修行、在尋師訪道。想起個念要精進，當下這樣的精進就叫魔。

許多學禪者都向祖師大德的言語中求、向經本上求、向自己的妄心求、向自己的身心覺受求，卻不向自己的腳跟下推窮（根腳就是指腳跟）。要自己真正遠離了一切相去推窮參究。「縱說得盛水不漏，於本分事上了沒交涉」，因為宗杲自己就是這樣走過來，他知道縱然能夠說得頭頭是道、天花亂墜，仍跟本分事沒關聯，頂多只做到寧心。

「古人不得已，見學者迷頭認影，故設方便誘引之。」古代宗師，包括佛菩薩，不得已之下，看我們這些修學的人都「迷頭認影」[28]，只能以種種善巧方法循循善誘。目的是──「令其自識本地風光，明見本來面目而已」，令他們認識自己原有的光采、光明，清楚見到自己的本來面目而已。「初無實法與人」，也沒有真正的法給人，不要認定說有真正的一法。因此，佛說他沒有說法，我們卻說他有三藏十二部，那就叫謗佛。

28《楞嚴經》中的典故。一個美男子從來都不知道自己有多美，有一天「忽於晨朝以鏡照面，愛鏡中頭眉目可見，瞋責己頭不見面目，以為魑魅無狀狂走」，就覺得自己很英俊、瀟灑，但是怎麼從來我的頭都不知他呢？於是突然間就發狂。如果頭在，怎麼會不見自己的眉目這麼漂亮呢？一定是頭不見了，才自己不知道。於是他就四處狂走並問人：「你有沒有看到我的頭？我的頭在哪裡？」大家都覺得他是有問題的人。

4-2

第二箇樣子「自家寶藏，何假外求」

昔大珠和尚初參馬祖，祖問：「從何處來？」曰：「越州大雲寺來。」祖曰：「來此擬須何事？」曰：「來求佛法。」祖曰：「自家寶藏不顧，拋家散走作甚 ？我這裡一物也無，求甚 佛法。」珠遂作禮問：「那個是慧海自家寶藏？」祖曰：「即今問事處者是汝寶藏。一切具足更無欠少。使用自在何假外求。」珠於言下識自本心，不由知覺。後住大珠，凡有扣問，隨問而答，打開自己寶藏，運出自己家財，如盤走珠，無障無礙。曾有僧問：「般若大否？」珠曰：「般若大。」曰：「幾許大？」曰：「無邊際。」曰：「般若小否？」曰：「般若小。」曰：「幾許小？」曰：「看不見。」曰：「何處是？」「何處不是？」爾看，他悟得自家寶藏底，還有一星兒實法傳授與人否？妙喜常常說與學此道者，若是真實見道之士，如鐘在虛，如谷應響，大扣大鳴，小扣小應。近代佛法可傷，為人師者，先以奇特玄妙，蘊在胸襟，遞相沿襲，口耳傳授以為宗旨。如此之流，邪毒人心，不可治療。古德謂之謗般若人，千佛出世不通懺悔。此是宗門善巧方便誘引學者底第二個樣子。妙明居士決定究竟，當如此樣子參。

道要從心悟，因此，什麼叫悟？悟本來就具足，不要從文字找尋，不要從人家的嘴巴求證，只要自己直指人心，就可見性成佛。再者，確信自家寶藏是人人具足、個個圓滿、不需向外馳求，亦即深信人人皆有如來智慧德相。

本有的東西，可是一下子不知道它在哪裡，變成要去找，借語言文字來說明這是自家的珍寶，不過一時迷失還不會用罷了。如果真的認為有個相、東西可找，那就變成用心意識，即遠離清淨心了。原本這東西就在自家裡，哪還需要找？任何修行包括話頭在內，只需放下一切分別與追求，當下就是！不是叫你去找，故說不假外求。

大珠和尚初參馬祖時，馬祖問他從何處來？大珠說：「越州大雲寺來。」馬祖再問：「來此擬須何事？」大珠回答：「來求佛法。」馬祖便說：「自家寶藏不顧，拋家散走做什麼？我這裡一物也無，求什麼佛法？」因此，道由自悟，不由別人外得、不由言傳。「我這裡一物也無」，也就是諸法的究竟實相是無相的，是「本來無一物，何處惹塵埃」，不管是涅槃或生死，都叫做塵埃。所以大珠和尚就作禮說：「那箇是慧海自家寶藏？」馬祖提點他：「即今問我者，是如寶藏，一切具足，更無欠少，使用自在，何假外求？」

於是大珠慧海就問：「哪個是我慧海自家寶藏呢？」馬祖就告訴他，現在問我的這個人，就是自己的寶藏。自己的身心、種種一切，就是自家寶藏，且一切圓滿具足、跟佛一樣。所以說使用自在，何假外求？要用就用、要藏就藏，取捨自在。

「珠於言下，識自本心」。迷時師度，但是悟後就要靠自己用功。馬祖一言，大珠就言下自悟、識自本心。然後「不由知覺」，見聞覺知，都叫做生滅心，境起然後覺才生，知才生，所以是生滅法，不叫做妙明真心，可是離見聞覺知有沒有另外的真心？也沒有。不明白就參！

「凡有扣問，隨問而答」，大珠悟後就能夠「隨問而答」。「打開自己寶藏，運出自己家財，如盤走珠，無障無礙」，珠子在盤裡四處滾，只要稍微有點彎、傾斜，就往低處滾。意指—智慧的妙用，需要往哪邊的時候，它就產生作用，絕對不有所遲滯，是真正通達無礙。真實體悟見道之人，就好像「鐘在虛」。何謂「鐘在虛」？鐘就是因為虛，鐘聲就出的來、扣鐘才會出響，「虛」就是指我們的妙明真心。意即從妙明真心流露出一切作用。

「近代佛法可傷」，宗杲認為當時佛法很令人感傷，然而現在更是。「為人師者，先以奇特玄妙，蘊在胸襟，遞相沿襲，口耳傳授以為宗旨」，那些所謂在教禪法的大德們，都「先以奇特玄妙，蘊在胸襟」，認為禪法有奇特玄妙，例如：一坐下去身體不見了、自己看到、體驗什麼不可思議的，身心覺得怎麼如此安然、自在、喜樂…等，這就叫做奇特。他們將自己參時的相上體驗認為是禪，因此用這些來教人，然而其實都落到五蘊魔，他卻認為這叫奇特神妙。其實這都只是一心後的境界而已，並不奇特。結果卻以這些奇特的東西來「遞相沿襲」、來教大家打坐，掉在身心相的執著，最後「口耳傳授，以為宗旨」，就一直教下來。所以，哪個人不是死在蒲團下？天下多少出家人都是死在蒲團下！

「如此之流，邪毒人心，不可治療」，像這些人、這些作為，就像以邪毒來進入每一個人的心，心就被毒死而無法治療。古德說這些就是「謗般若人」，因為這些奇特東西都是相，和般若不相應，所以「千佛出世不通懺悔」。什麼叫謗法？這樣就叫謗法。

4-3 第三箇樣子「常存生死心」

既辨此心，要理會這一著子。先須立決定志，觸境逢緣，或逆或順，要把得定作得主，不受種種邪說。日用應緣時，常以無常迅速生死二字，貼在鼻孔尖頭上。又如欠了人萬百貫債，無錢還得，被債主守定門戶，憂愁怕怖，千思萬量，求還不可得。若常存此心，則有趣向分，若半進半退，半信半不信，不如三家村裏無智愚夫。何以故？為渠百不知百不解，却無許多惡知惡覺作障礙，一味守愚而已。古德有言：「研窮至理，以悟為則。」近年以來多有不信悟底宗師，說悟為誑謼人，說悟為建立，說悟為把定，說悟為落在第二頭。披却師子皮，作野干鳴者，不可勝數。不具擇法眼者，往往遭此輩幻惑，不可不審而思、思而察也。此是宗師指接群迷，令見月亡指底第三箇樣子。妙明居士欲跳出生死窟，作是說者名為正說，作他說者名為邪說。思之。

前面告訴我們要深信自家寶藏與佛一樣，同樣不生不死、不來不去，那麼，為什麼還要常存生死心？當自己真參實修而體證知道時，就清楚生死真相也不顛倒了。如果欠缺這個生死念，道業很難成就，但是若常存生死念，道業也不成功，為什麼？因為表示還落在有生死交迫的濁相上。所以要有生死念，但不要產生實際存在的相，因而產生顛倒恐懼。

真正立定志向，不管「觸境逢緣」，不管一切因緣，心就有智慧觀照，不會被境風掃得東倒西歪，還連根拔起，自己就能在各種逆順因緣裡做得了主。在逆境界裡面，根本不用求出離，因為，沒有真實存在的逆，哪需要用順去受呢？在順境裡也不會迷失自己。如果不懂，自己就得用功。日常應緣時，「常以無常迅速生死二字，貼在鼻孔尖頭上」，常常感受到「是日已過，命亦隨減」的生死可怖。

鼻頭是呼吸的地方，每一口氣的進出，時時刻刻、每一個呼吸都不要離開這生死念，所以叫做貼在鼻頭。貼在鼻頭是有意思的：呼吸之間，要隨時感受生命的苦迫，不要浪費時間，常常把「生死」兩字貼在鼻頭，就像「欠了人百萬貫債」。

沒把生死掛在鼻樑上，不知生死可怖，就不知道要真正用功了這個債、了這個生死。或者只聽進一半，自己道業進進退退，這樣就「不如三家村裡無智愚夫」，「三家村」是指窮山僻壤、經濟文明很差的地方，所以叫做「無智愚夫」。為什麼？「為渠百不知百不解，卻無許多惡知惡覺作障礙」，那個人百不知百不解，反而沒有許多錯誤、邪惡的知見來障礙。掉入在用意識心揀別的錯誤與邪惡中，還以為自己在走正道，看人家的作為說對方不修。

不要掉在相上用功，這叫做落在惡知惡覺。你不知道這些障礙，還以為自己在用功，這叫「一味守愚」而已，就只是一味地守住愚笨、食古不化，認為這些都是對的。「古德有言：『研窮至理，以悟為則。』」去研究經教最深的道理，不管研究到多深，還是要以「悟」作為真正的準則，不是要一一分析如何解釋。

悟是要真實悟，證要真實證，但是若落在有一個真實，那又不對。所以說這些人，叫做「却師子皮，作野干鳴」，看起來是一代宗師，實際則如野干小獸。「不可勝數」，這樣的人很多。「不具擇法眼者，往往遭此輩幻惑」，沒有具法眼的人，一聽到他們這樣說，就被這些人迷惑。

「不可不審而思，思而察也」，告訴我們真正學佛的人，不能不好好地審查、思索這些人的話，思索後要更進一步去觀察。如果只是為了沒有信心的眾生，為了建立眾生一事，這樣答還是可以。或是因為對方已經掉在悟，因此跟他說沒有悟，這是為了真實又再建立。否則若一開始就對大眾這樣說，那就否定參禪是以悟為期。參禪絕對可以了悟、可以了脫生死，一定要以明心見性與開悟作為自己所期。「研窮至理，以悟為則」，不管怎麼修，都要了悟自己的真心，這才是真正的原則。

這些宗師，「指接群迷，令見月亡指底第三箇樣子」，真正的宗師是用指來接群迷，一旦見月就亡指。指月，是沿著手指方向去看月，見到月後就不要再去看手指了，不要再認為有一個指。如果還掉在指，當然就不對。悟了以後見到生命的實相，就不要掉在有一個悟，不要掉在指上面，這是第三箇樣子。

「妙明居士欲跳出生死窟，作是說者名為正說，作他說者名為邪說。」妙明居士想要跳出生死之窟，能夠這樣說的人，才叫做正說；其他說法的人，就叫做邪說。宗杲告訴居士要分辨邪正，不要認為沒有生死可了、沒有悟可悟，要常存生死心，以悟為則。

4-4 第四箇樣子「離文字、語言、分別相」

怕怖生死底疑根拔不盡，百劫千生流浪，隨業受報，頭出頭沒無休息時。苟能猛著精彩，一拔淨盡，便能不離眾生心而見佛心。若夙有願力，遇真正善知識，善巧方便誘誨，則有甚難處？不見古德有言：「江湖無礙人之心，佛祖無謾人之意。」只為時人過不得，不得道江湖不礙人。佛祖言教雖不謾人，只為學此道者錯認方便，於一言一句中求玄、求妙、求得、求失，因而透不得。不得道佛祖不謾人，如患盲之人，不見日月光，是盲者過，非日月咎。此是學此道離文字相、離分別相、離語言相底第四箇樣子。妙明居士思之。

宗杲的第四箇樣子是說離文字、語言、分別相，說「怕怖生死底疑根拔不盡，百劫千生流浪，隨業受報，頭出頭沒無休息時。」也就是說因為我們對於「怖畏生死」沒有真正了解，仍然還常常落在恐懼、生死中，那就會百千萬劫還在六道生死輪迴、隨業受報。所以常常要想：「如何能夠出離這個生死？」出離生死難不難？不難！佛陀告訴我們：「人人本具的佛性功德，本無生死。」既然是這樣，那為什麼不好好用功呢？

所以說「苟能猛著精彩，一拔淨盡，便能不離眾生心，而見佛心」，如果真的能夠知道生死可怖，若不淨除，那何時能了生死輪迴？因此迴轉過來、下定決心腳踏實地去做就叫「猛著精采」。只要自己知道本自清淨、本自如如，縱然有眾多的生死業染，仍然能夠在眾生心中見到自己的清淨佛心。只要清淨佛心顯露，當下呈現出來的一切萬相都是圓滿清淨。

所以，如果能真正拔盡生死疑根，就能做到不離我們眾生心，當下又眾相森然，可是仍能見到諸法的究竟實相。也就是—不離我們現在的凡夫身，就能親證佛陀所覺悟的種種一切。「若夙有願力，遇真正善知識，善巧方便誘誨，則有甚難處？」善知識在哪裡？是要自己發願能遇到善知識來教導。若遇到了就要老實跟著修，而不是虛虛晃晃的。

善知識「善巧方便誘誨」，「善巧」其實就是用種種巧妙方法，不管是語言或者文字，乃至於棒打，都叫做「誘誨」。如果遇到大善知識有這樣的悲心，用種種方式幫助我們，那就沒有什麼困難。只要發出真正的大願力，就能遇到真正的大善知識。沒有大願力而想要修行、想真正的辦道，即使佛在眼前，都會把他當作等閒之人而錯失；只要有那個願心，哪怕是山河大地，都會成為善知識。

古德說：「江湖無礙人之心，佛祖無謾人之意。」江湖就是這些大河大湖，沒有想阻礙人的心，佛也沒有想騙人的心。所以，「只為時人過不得」，只因為當時和我們現在的人，自己沒有能耐，處處就變成阻礙。所以「不得道江湖不礙人」，自己過不得的時候，江湖就是變成阻礙。哪怕是一條小溝，自己力量不夠時都跨不過；自己做的了主，切實有力量的時候，處處任你去、天堂地獄任你行，做不到就處處障礙。

「佛祖言教雖不謾人，只為學此道者錯認方便，於一言一句中，求玄、求妙、求得、求失，因而透不得，不得道佛祖不謾人。」佛祖的言教雖然切實不謾人，但是，只因為學道的人自己錯認方便，把這個方便當作真實的法。把佛祖種種的善巧方便當作真實，或者又用自己的識心去分別真實，就變成下流。方便出下流就愈走愈邪，卻以為自己在修行，因此就變成好像佛祖騙人、江湖故意阻礙。事實上，佛根本沒有騙我們、句句實言，可是是自己把句句當作死言。

「如患盲之人，不見日月光，是盲者過，非日月咎。」比喻盲者看不到日月光明，這是盲者自己的過失，不是日月的過失。因此要知道，如果沒有見到自己具足如來的清淨佛性，是自己的過失；因為沒有放下一切計較分別，所以真心顯露不出來。而真正的真心，就在當下這些妄心裡，不是另外別有，只是迷的時候就變成妄。

「此是學此道、離文字相、離分別相、離語言相底第四箇樣子。」所以說要參禪、要真的修行，就要離開文字、語言的追逐，也要離開我們的心的種種攀緣分別，才叫真正的參禪與修道。

4-5 第五箇樣子「但向生死交加處看話頭」

疑生不知來處、死不知去處底心未忘，則是生死交加，但向交加處看箇話頭。僧問趙州和尚：「狗子還有佛性也無？」州云：「無。」但將這疑生不知來處、死不知去處底心移來「無」字上，則交加之心不行矣。交加之心既不行，則疑生死來去底心將絕矣！但向欲絕未絕處，與之廝崖，時節因緣到來，驀然噴地一下，便了教中所謂絕心生死、止心不善、伐心稠林、浣心垢濁者也。然心何有垢？心何有濁？謂分別善惡雜毒所鍾，亦謂之不善，亦謂之垢濁，亦謂之稠林。若真實得噴地一下，只此稠林，即是栴檀香林；只此垢濁，即是清淨解脫無作妙體。此體本來無染，非使然也。分別不生，虛明自照，便是這些道理。此是宗師令學者捨邪歸正底第五箇樣子。妙明居士但只依此參，久久自築著磕著也。

再看第五箇樣子，但向生死交加處看話頭，「疑生不知來處、死不知去處底心未忘，則是生死交加。」疑究竟我們從哪裡來？從媽媽的肚子來？那死向哪裡去？向墳墓裡面去？如果是這樣子的答案就太簡單了。

此處指導話頭使用若無力時，為了增加疑情，就要起一個相的觀照：要生不得生、要死死不了的生死交加時，是不是很可怕？「僧問趙州和尚：狗子還有佛性也無？』州云：『無。』但將這疑生不知來處、死不知去處底心，移來『無』字上，則交加之心不行矣。交加之心既不行，則疑生死來去底心將絕矣。但向欲絕未絕處，與之廝崖，時節因緣到來，驀然噴地一下，便了教中所謂絕心生死、止心不善、伐心稠林、浣心垢濁者也。」從生死心跟生死交加處看話頭，能使我們加強疑情的作用和功能，並不是要讓我們落在生死相裡面。像參「什麼是無？」，當感受有力時，疑情自然加強，會去疑到底為什麼會是無？參禪貴在疑，但不是懷疑，而只是自心未能跟真實法義相通。因此疑只是讓我們產生疑情，藉著疑情的參究，使得我們妄想分別的心能統一，並從統一達到豁然開朗，究竟無我、無相、無念，一切本自清淨如如。

參禪首要知道如何疑，例如：我們本來是佛，沒有生死，那為什麼會有生死？一想到生死，就不需再去分析，直接強化疑的感覺；只是繼續一直疑下去，不要停在只是唸「什麼是無？」的階段，而沒有究明生死實相為何的疑情。起疑「什麼是無？」，只是幫助你的心在念念之間起疑情的作用。

只要依真如妙慧，雖向生死交加處起疑並當話頭參，可是只是一個疑，並沒有這個相的出現。因為既然是屬於真心流露的照，照用不二，就叫妙照。宏揚「默照」的天童正覺，其用功處其實跟大慧宗杲的「話頭」差不多，在用的方面都一樣，皆要清楚地知道要參悟的體為空寂，入手的方式雖不同，最後體證也會是一樣的。

「時節因緣到來，驀然噴地一下，便了教中所謂絕心生死、止心不善、伐心稠林、浣心垢濁者也。」我們講講「伐心稠林」，「伐」也是去除的意思，「稠林」是像叢林一樣那麼多的妄想妄念。甚至於「浣心垢濁」，洗滌心中的垢濁。「然心何有垢？心何有濁？謂分別善惡雜毒所鍾，亦謂之不善，亦謂之垢濁，亦謂之稠林。」前面講「驀然噴地」的時候，做到能夠就「絕心生死、伐心稠林、止心不善、浣心垢濁」，心哪裡有垢、有濁呢？這只是「分別善惡的雜毒所鍾」，什麼叫「鍾」？「鍾」就是鍾情、鍾愛，如果我們能夠分別善惡，這些其實也是屬於雜毒所鍾愛的，也叫做不善，也叫做垢濁。你以為能夠分別善惡、擇善去惡，這樣就叫做善嗎？不對！這樣子也叫做不善，也叫做垢濁、稠林。

如果「若真實得噴地一下，只此稠林，即是栴檀香林」，真實噴地一下的話，只此稠林就變成栴檀香林，所以地獄就是天堂，稠林原來是茂密雜亂的叢林，可是現在變成檀香林，「只此垢濁，即是清淨解脫無作妙體」，此垢濁當下也變成清淨解脫的無作妙體，也就是變成圓滿清淨的報身佛。

「此體本來無染，非使然也」，要知道這個妙體本來就是清淨、沒有染污的，不是這樣子做才變成清淨。「非使然」，「使」就是做為，不是經過種種作為後才變清淨的。所以只要「分別不生，虛明自照」，做到分別心不起，那麼自己靈光獨照，就常常照自本心、識自本性，就知道什麼叫做當下妄心就是真心。就是這些道理，也是宗師令學者捨邪歸正的第五箇樣子。

真正的宗師叫人家捨邪歸正，那裡真的是去邪然後矯正？如果有邪正可得，那就還是惡，還是不善、垢濁。善惡要了了清楚，叫做「動靜二相，了然不生」，不是「動靜二相不生」而已，「了然」就是真正知道到底有沒有動。動者照樣動、靜者照樣靜，可是任它隨順因緣，該動的時後動、該靜的時候靜，動靜一如才叫「動靜二相，了然不生」。智慧用的時候看起來有動，可是清淨心根本沒有隨之汙染，叫做不動。

4-6 第六箇樣子「道無不在，觸處皆真」

道無不在，觸處皆真，非離真而立處，立處即真。教中所謂治生產業皆順正理，與實相不相違背。是故龐居士有言：「日用事無別，唯吾自偶諧。頭頭非取捨，處處勿張乖。朱紫誰為號，丘山絕點埃。神通并妙用，運水及搬柴。」然便恁　認著，不求妙悟，又落在無事甲裡。不見魏府老華嚴有言：「佛法在爾日用處，行住坐臥處，喫粥喫飯處，語言相問處。所作所為舉心動念，又卻不是也。」又真淨和尚有言：「不擬心，一一明妙，一一天真，一一如蓮華不著水。迷自心故作眾生，悟自心故成佛。」然眾生本佛，佛本眾生，由迷悟故有彼此也。又釋迦老子有言：「是法住法位，世間相常住。」又云：「是法非思量分別之所能解。」此亦是不許擬心之異名耳。苟於應緣處，不安排不造作，不擬心思量、分別、計較，自然蕩蕩，無欲無依，不住有為，不墮無為，不作世間及出世間想。這個是日用四威儀中，不昧本來面目底第六個樣子也。

第六箇樣子說「道無不在，觸處皆真，非離真而立處，立處即真」，這在說明經過用功和體驗後，深信道無不在、觸處皆真。所以，去哪裡找道？哪裡不是道？如果能用慧眼觀照，當下立即明白，且法法圓滿、處處清淨。真正的大道本來就具足、圓滿、清淨，既然本來圓滿清淨，是不是處處都應該真？到任何地方都應該真，什麼相也都是真，一切都是如如的。「非離真而立處」，不是離開真而有一個建立的地方，所立的地方當下就是真，這就是「教中所謂治生產業皆順正理，與實相不相違背」，這是《法華經》談的，治生產業皆順正理。

是故龐居士有言：「日用事無別，唯吾自偶諧。頭頭非取捨，處處勿張乖。朱紫誰為號，丘山絕點埃。神通并妙用，運水及搬柴。」日用事無別，就是平常每天做的這些事情，都沒有其他的不同，都叫做真心、修行、真如妙用，都叫做從法身流露的種種差別。「頭頭非取捨，處處勿張乖。」每一樣事情都不會掉在取捨裡，處置的每件事情都沒有張乖。什麼是「張乖」？就「張」是思維，「乖」是錯誤的，就是錯誤的思維、錯誤的做法。

「真淨和尚有言：『不擬心，一一明妙，一一天真，一一如蓮華不著水。迷自心故作眾生，悟自心故成佛。』」真淨和尚也是宋代的一位大師，「不擬心」，不必刻意明心看境，或思索這個境是什麼。說不必去做這樣的功夫，因為原來的心是「一一明妙」的，而且「一一天真」的，「一一如蓮花不著水」。大家有沒有看到蓮花會著水的？如果蓮花會著水，大概是枯的蓮花。真淨和尚說，心迷所以當作眾生，心悟當然就叫成佛。底下說「眾生本佛，佛本眾生」，所以有迷悟、有彼此的差別。為什麼「心、佛、眾生三無差別」？你的心迷故所以就有佛、有眾生的差別；心不迷，所以當下心就是佛、佛就是心，當下佛就是人、佛是凡夫，凡夫也就是佛。

「釋迦老子有言：『是法住法位，世間相常住。』」一切諸法都法住其位，各得其相、各得其所，因此世間的相有沒有生滅來去？如果見到世間相有生滅來去，叫做分別心、小乘的因緣空，不是大乘的中道空。大乘般若的「中道空」叫做──不常不斷、不來不去、不生不滅、不一不異。「又云：『是法非思量分別之所能解』」，釋迦老子也告訴我們，這樣的法不是思量分別能明白，必須真參實究。「此亦是不許擬心之異名耳」，這也就是說不許用我們的心去推擬。

「苟於應緣處，不安排不造作，不擬心思量、分別、計較，自然蕩蕩無欲無依，不住有為不墮無為，不作世間及出世間想。」所以說能夠不擬心分別的話，在「應緣處」，即日常生活中不必去故作安排、造作，就自然隨順一切因緣處理，處理的時候因為用智慧觀照，所以就能善觀一切因緣，反而更能夠掌控一切的因緣、成就一切的因緣。

在應緣處不安排不造作，也不去擬心思量、分別、計較，「自然蕩蕩，無欲無依」，「蕩蕩」就是沒有任何東西在裡面，沒有欲望也沒有依靠什麼。因此就可以「不住有為」，也不會墮入無為，也不必想說這樣是不是掉落在世間？或者怎樣才能夠出世間？不必有這些想法，當下就是正念。

「這箇是日用四威儀中，不昧本來面目底第六箇樣子也。」沒有掉入生滅二相才叫「保持正念」。日用的四威儀是「行、住、坐、臥」，「不昧」就是清清楚楚地知道本來面目是什麼樣子，所以在日用應緣之中不必去安排造作，也不必思量分別，自然隨緣就可造作與成就任何事。

4-7　第七箇樣子「省力處便是得力處」

本為生死事大，無常迅速，己事未明故，參禮宗師，求解生死之縛，卻被邪師輩添繩添索，舊縛未解而新縛又加。卻不理會生死之縛，只一味理會閒言長語，喚作宗旨，是甚熱大不緊。教中所謂邪師過謬，非眾生咎。要得不被生死縛，但常被方寸虛豁豁地。只以不知生來不知死去底心，只以不知生來不知死去底心，時時向應緣處提撕。提撕得熟，久久自然蕩蕩地也。覺得日用處省力時，便是學此道得力處也。得力處省無限力，省力處却得無限力。這些道理，說與人不得，呈似人不得。省力與得力處，如人飲水冷暖自知。妙喜一生只以省力處指示人，不教人做謎子摶量，亦只如此修行，此外雖無造妖揑怪。我得力處他人不知，我省力處他人亦不知，生死心絕他人亦不知，生死心未忘他人亦不知。只將這個法門，布施一切人，別無玄妙奇特可以傳授。妙明居士決欲如妙喜修行，但依此說，亦不必向外別求道理。真龍行處雲自相隨，況神通光明本來自有。不見德山和尚有言：「汝但無事於心，無心於事，則虛而靈、空而妙。若毛端許言之本末者，皆為自欺。」這個是學此道要徑底第七個樣子也。

如上七個樣子，佛病、法病、眾生病、一時說了。更有第八個樣子，卻請問取妙圓道人。又代妙圓道人，下一轉語云：「大事為爾，不得小事。」妙明居士自家擔當。

第七箇樣子省力處便是得力處，「本為生死事大，無常迅速，己事未明故，參禮宗師，求解生死之縛，卻被邪師輩添繩添索，舊縛未解而新縛又加。」如果你原來是為了求了生死，結果遇到這些給你邪知見的邪師，以為是真而跟著去學後，要離邪就難了，所以說正知見是修行的首要。「卻不理會生死之縛，只一味理會閑言長語，喚作宗旨」，「不理會生死之縛」是指不真正參悟到底是什麼來縛，反而一味地理會這位法師怎麼講、那位大德怎麼說，然後說這個叫宗旨、那個叫妙意，結果都是向外追逐。

「是甚熱大不緊」是古代俗話，是指看起來很熱衷，但是跟生死都不相應，滿口把那個宗師所教的學得頭頭是道，叫做趨向熱鬧處。「大不緊」意思是指不理會這些是錯誤，認為沒有關係、這才是對的，結果放下生死大事不理會。大事不關心，反而關心那些閒言閒語，就是顛倒。因此「教中所謂邪師過謬，非眾生咎」，教中告訴我們這是邪師的過失，不是眾生的過失。「要得不被生死縛，但常教方寸虛豁豁地」，要怎麼樣做不被生死所拘縛的話，只要心常虛豁豁的，不落在有一個真正的相。「只以不知生來不知死去底心，時時向應緣處提撕。提撕得熟，久久自然蕩蕩地也」，就是只以一句話頭來用功，用不知生來不知死去的心，相應緣處去提撕，「應緣處」就是在日常生活中時時用功，時時在應緣處提撕，自然就可以做到蕩蕩地，就是空曠曠的。

「覺得日用處省力時，便是學此道得力處也」，如果覺得在日用處很簡單就能用上力，就叫省力。日用處能上手的時候，對一切的事物就不會加以分別、推擬、造作，就是學此道的得力處，真正得力處就可以省下無限的力量。所以這些道理「說與人不得，呈似人不得」，這些道理說給人家聽，人家沒做就體會不來。我們若常沒有造作分別，心常離一切的相，萬法自然偶諧。

「省力與得力處，如人飲水冷暖自知」，省力跟得力處要自己努力才能知道，「妙喜一生只以省力處指示人，不教人做謎子摶量」，我一生只叫人家切實地參、從很省力的地方用功，從來不叫人家做謎子，「謎子」就是做謎語的叫人家去猜。「摶量」就是用心識去想，「亦只如此修行，此外別無造妖捏怪」，自己也只是這樣修行，沒有另外「造妖捏怪」，譬如故意坐三天不起來，不然就是不吃飯，這樣子叫做「造妖捏怪」。「我得力處他人不知，我省力處他人亦不知」，別人不曉得我得力處，為什麼？別人怎麼能知道我的體會呢？所以別人也不知道我的省力，只有我自己知道。「生死心絕他人亦不知，生死心未忘他人亦不知」，就像瞎子吃湯圓，粒粒都自己清楚。

參禪不可離開大乘教義的指導，可從三方面進行：

一、日用間以般若觀慧照見諸法空寂、不來不去、不生不滅、不斷不常、不一不異。要以般若慧目的卓見，知道菩薩道嚴土熟生的成就，不離世間、不離六度萬行的實踐，即虛雲老和尚說的：「空花佛事，時時要做；水月道場，處處要建。」

二、確信唯識真義，做到不可妄計相、遠離遍計執。又明白諸法依他起，眾緣和合才有千差萬別的如幻假法。雖如幻但非斷滅虛無，仍有善惡昭然的業相，果報無爽的因果。同時正確認識萬法當下是圓成實，不出唯心所現、唯識所變。修行要體悟萬法唯心所現、唯識所變，不可用凡夫情識妄計分別，否則不出煩惱且流轉生死。時時轉識成智，只要大圓鏡智常作用，出入生死便如同遊戲。

三、靈山會上釋迦拈花，迦葉微笑，此即隨拈一法，法法皆如，也就是趙州禪師所講的：「老僧把一枝草作丈六金身用，把丈六金身作一枝草用。」哪怕小至如微塵的一法，大至宇宙山河的萬法，其所含具的功德妙用皆平等不二，也就是《華嚴》所說法界一相、心佛眾生三無差別。〈永嘉證道歌〉云：「無明實性即佛性，幻化空身即法身，法身覺了無一物，本源自性天真佛，五蘊浮雲空去來。」一切諸法法爾如是，不假造作，故「絕學無為閑道人，不除妄想不求真」。但需如六祖所講：「迷時師度，悟了自度」。未明真心前，必須親近善知識，不可妄用己意，胡參亂學。法法雖圓融，但法住法位，各得其所，勿作混同，不可成為顢頇真如、籠統佛性。經律論的研讀、聞思修的會悟，步步不可參差失序。

從般若空慧的觀照，每一法當下就是空寂，以畢竟空故，所以一切法得成。而因為畢竟空，所以雖成，但無智亦無得，以無所得故，才是真正於法得成。常住真心，意指不管是山河大地，乃至於一塵一沙，都叫做一真法界，包括心裡所有識相都是一真法界，這就是《華嚴》談的境界。因此，一切的萬象萬物是法爾圓成，沒有成佛、不成佛的對立差別，華嚴境界就是我們本具真如心、清淨心含藏的無量功德莊嚴，也是祖師禪依據的教理和一真法界之印證。

國家圖書館出版品預行編目（CIP）資料

禪的實踐：大慧宗杲禪師語錄選輯講釋(精華版) /
釋果如著. -- 初版. -- 新北市：大喜文化, 民108.07
面；　公分. -- (果如法師說禪；108002)
ISBN 978-986-97518-8-9(平裝)

1.禪宗 2.佛教修持

226.65　　　　　　　　　　108008039

果如法師說禪 108002

禪的實踐：大慧宗杲語錄選輯講釋（精華版）

作　　者：釋果如
編　　輯：張立欣
發 行 人：梁崇明
出 版 者：大喜文化有限公司
封面設計：大千出版社
登 記 證：行政院新聞局局版台省業字第 244 號
P.O.BOX ：中和市郵政第 2-193 號信箱
發 行 處：23556 新北市中和區板南路 498 號 7 樓之 2
電　　話：02-2223-1391
傳　　真：02-2223-1077
E-Mail：joy131499@gmail.com
銀行匯款：銀行代號：050　帳號：002-120-348-27
　　　　　臺灣企銀　帳戶：大喜文化有限公司
劃撥帳號：5023-2915，帳戶：大喜文化有限公司
總經銷商：聯合發行股份有限公司
地　　址：231 新北市新店區寶橋路 235 巷 6 弄 6 號 2 樓
電　　話：02-2917-8022
傳　　真：02-2915-7212
出版日期：2019 年 7 月
流 通 費：$280
I S B N：978-986-97518-8-9
網　　址：www.facebook.com/joy131499